両親は純ジャパニーズ！ お金をかけずに

おうちで ほぼ バイリンガルの育て方

主婦の友社　編

はじめに

いま、日本の英語教育が大きく変わろうとしています。
２０２０年から小学校で英語が教科化されることが決まり、
大学入試に英検などの民間試験を導入するか政府内で検討が続いています。

英語教育の専門家の間では「将来の英語力の格差は収入の格差」といわれるほど、
その重要性はますます高まっています。

一方で、親たちは「もちろんわが子に英語ができるようになってほしい。
でも、莫大な費用がかかる長期の海外留学は無理、
日本国内でお金をかけずに子どもが英語を話せるようになってくれたら……」
というのが本音のところではないでしょうか。

それは無理な願いなのでしょうか？

いいえ、そんなことはありません！

なぜなら、〝両親が日本人〟で、〝子ども時代に長期の海外滞在や留学を経験せず〟、
〝お金をかけずに家庭学習〟で実際にバイリンガルに育った子どもたちがいるのです。

本書では、日本でバイリンガルを育てた親4人の英語子育てを紹介しています。
何から始めたらいいか迷っている人にとって、たくさんのヒントが詰まっています。
英語が苦手な人でも、トライしやすいメソッドも数多く紹介しています。

あなたも子どもの人生に英語をプレゼントしませんか？

主婦の友社　育児書編集部

CONTENTS

Part 1

バイリンガル子育て

4人の成功メソッド

娘がハーバード大学に現役合格した廣津留真理さん、
アプリで娘2人の英語力をぐんと上げた行正り香さん、
英語が苦手でも息子をバイリンガルに育てた喜田悦子さん、
動画での大量インプットで英語を習得させた小田せつこさん、
4人の母親の英語子育て成功メソッドをご紹介します。

case 1

娘は地方公立校から塾なしでお金もかけずにハーバード大現役合格！

ひろつる式ディリーゴ ブルーマーブル英語教室代表

廣津留真理さん

Mari Hirotsuru ●一般社団法人 Summer in JAPAN（SIJ）代表理事・CEO、株式会社ディリーゴ代表取締役。大分県在住。早稲田大学卒。高いレベルの英語教育を最初から行う「ひろつるメソッド®」により、多数の生徒を英検1級・準1級合格に導く。ハーバード大生が講師のサマースクールを2013年より開催。著書に『ひろつるメソッド 子ども英語 Don Don English! 英検5級対応 CD つき』（主婦の友社）など。

成功メソッドはこれ

成功メソッド
1
単語の暗記は「飽きる1分前」にやめる

成功メソッド
2
センテンスカードや英語絵本をなぞり読み

成功メソッド
3
大きな声で文章を音読し、脳に英語をインプット

バイリンガル育児 history

地球は狭いと感じられるかどうか

娘のすみれはいま、ニューヨークで仕事をしています。日米間と距離は離れていても、メッセージやビデオコール（テレビ電話）で瞬時に連絡ができます。

私が若かった昭和時代の留学の意義は「外から日本を見て異文化理解を深め、日本にない海外のよいものを取り入れる」でした。しかし、交通の発達・インターネットの普及などで、地球はどんどん狭くなりました。いまの留学は「未来に備えて自分を限りなく進化させる、自分と社会が直面する問題の解決を探る」、このように進化しました。自分の住む地域の束縛から解放されて、自由に場所を選び、学べる時代になったのです。

私の主宰するサマースクール「Summer in JAPAN」も、英語教室も、大分市を拠点としながらも、生徒さんも講師陣も世界中からつどいます。娘を育てていたときも、世界のどこでも好きなところで学びなさい、と伝えていました。そのためには、やはり英語が必須なのです。

娘が2歳のころ。散歩を兼ねて、2人でいろいろなところへ行きました。好奇心いっぱいな子でいろいろなことに興味津々。散歩から学んだことはたくさんあります。

将来、選択肢が多いほうがいいと考えて英語を教えることに

私が娘に英語を教えようと思ったのは、**将来、選択肢を多く持てるようにと考えたから**です。日本語と英語の二つを母国語のように使いこなせたら、その先の選択肢が広がります。世界中で共通言語のように使われている英語ができれば、そこから先、何かをしようとしたときに、困ることはありません。

とはいえ、初めての育児でしたので、手探りの状態から始まりました。娘が生まれてから、育児書や教育について書かれている本を読みあさり、いいなと思うことを頭においては、次の本を読み、合計で200冊くらいは読んだでしょうか。

0歳から英語と日本語で話しかけ、1歳からは英単語カードを使いました。手描きのイラストの裏に単語を書いて、イラストを見て単語を覚えるようにしたのです。凝り性なので、作りだしたら止まらなくて、夜なべをして作ったことも（笑）。

ちょっと失敗したこともあります。トリリンガルだともっといいだろうと思って、フランス語のカードも作り始めたのですが、英語もフランス語もだと、作るのがあまりにたいへんだったので挫折してしまいました。

日本語で知識をふやし、体験を積むことも必要

私が代表をしている英語教室で「家でどんな勉強をさせたらいいですか？」という質問をよく受けます。私はその答えの一つとして、**「言葉を覚えるときに、知らないこと、体験したことがないことは大人でも覚えにくいもの。英語も言葉なので、子どもが母国語で知識をふやし、体験を積むサポートをすることが大事」**とお伝えしています。子どもが母国語で教養を身につけられるように、読書やスポーツや芸術などを通してさまざまなことを体験させることが必要だと思います。

わが家は、子どもが小さいころは近所の図書館で、絵本、風景や国宝などの写真集、世界の料理レシピ、生け花などのビジュアル本をよく見せていました。また、スポーツとまではいきませんが、歩けるようになると、毎日、かなりの距離を散歩したので体力がつきました。散歩では、いろいろなものを見たり体験したりすることもできます。芸術では、クラシックをたくさん聞き、バイオリンとピアノに夢中になりました。こうやって知識や経験がふえていくと同時に、英語の語彙もどんどんふやしていくことができたのです。

幼少期から歌舞伎にも大いに興味を示し、先代の中村勘九郎さんの大ファンに。学校行事を休んで勘三郎襲名公演を観劇したときは、担任にその必要性を自身で説明し、許可を得たことも。

それと同時に心がけていたことがいくつかあります。子どもが自己肯定感を高めることができるように、**ふだんの生活から、「〇〇してはだめ」などと否定的な言葉は極力使わずに肯定文に変換して伝えること。**英語だけでなく、何事にも自信を持ってとり組む人間になってもらうのが優先です。「〇〇してはだめ」ではなく、「〇〇よりも△△のほうが楽しそう！」と代替案を提示すると、固執することもなく、楽しんで次のことにとり組みました。自己肯定感が高まると「自分はやればできる！」と次のことにチャレンジしていく意欲が出てきます。

また、**英語を「勉強」的にとり組ませ、なかば強制的に「さあ覚えなさい、やりなさい」などと言うこともしませんでした。**遊びの延長のように、英語の絵本や英語のマンガの動画をいっしょに見て楽しみました。子どもがやる気や興味を失わないようにすることをたいせつにしたいと思っていたのです。

もう一つ、子どもに英語を教えるときに使っていた手があります。**「英語を使うのが世間ではふつうなんだ」、**と思わせるくふうをすることです。これは特に小さいときに有効です。たとえば、ちょっとしたときに、なにげなく英語で話しかけてみます。そのときは、いちいち日本語に訳したりしません。What color do you like?と私が言って娘がまねをすると、私はI like pink!と答えます。これで娘はすぐに答え方がわかります。こうして、**「ときどき英語で話すのがふつう」**と思わせておくのです。

サポートするだけでどんどん力が伸びていく

イラスト入り単語カードの次のステップとして、センテンスカードや英語の絵本の**「なぞり読み」**を始めました。娘は、次から次へとクリアしていくのがゲーム感覚で楽しかったのだと思います。「早く次にいきたい、むずかしい英語の文章を読んでみたい」と意欲的にとり組むようになっていきました。

私はといえば、子どもの能力を信じ、楽しんでチャレンジできるようにサポートしただけです。自主的にやるようになると、あとは見守るだけで英語を習得したと言っても過言ではありません。**必要なものを用意し、ほめて抱きしめ、家族仲よくすることが私のサポート法。ほめることで自己肯定感が高まりますし、家族仲がいいと安心してものごとにとり組むことができます。**自己肯定感を一生ものにすることができれば、将来、どんな場面でも、ポジティブに生きていけると思います。

廣津留さんの
バイリンガル育児年表

0歳	● 日本語と英語で語りかけ
1歳	● 手作りのイラスト入りカードで英単語を覚える
	イラストなしのカードで英語センテンスを覚える
	英語の絵本を読み聞かせ
2歳	● 英語の絵本を（娘から私に）逆読み聞かせ
	● たくさん音読をする
3歳	● 16ページ以上の英語絵本を習慣的に読む
	● 英検４級合格
	● バイオリンを習い始める
4歳	● 英検３級合格
6歳	● 小学校入学とともに英語で日記をつけ始める
8歳	● 英検準２級合格
12歳	● バイオリンに熱中　英検２級合格
13歳	● ますますバイオリンの練習に力を入れる
16歳	● 英検準1級合格
17歳	● 高2の3学期にハーバード受験決心、単語を猛勉強　英検１級合格
18歳	● SAT 受験（TOEFL 受験）
	● アメリカのハーバード大学合格
22歳	● ハーバード大学を首席で卒業
	● アメリカのジュリアード音楽院修士課程に合格
24歳	● ジュリアード音楽院修士課程を首席で卒業
現在	● 音楽関連の会社を起業し、バイオリニストとしても活躍中

成功メソッド 1

1歳～

好奇心旺盛

単語の暗記は「飽きる1分前」にやめる

娘が実際に使っていたカード。1枚の紙に1つの単語。絵も単語も大きく書いて。身の回りにある食べ物や動物など、わかりやすいものから始めました。

同じ母音の単語をグループ単位で覚える

娘が生まれたときから、英語と日本語で話しかけていましたが、話し言葉だけだと定着しないですし、文字が読めないと本を読むことができないので、まずは文字と意味を理解できるようにと、**イラスト入りの単語カードを作り始めました。**娘が1歳くらいのときだったと思います。A4よりも少し大きいくらいのサイズの紙に、表にはイラストを、裏には単語を子どもが見やすいように大きく書きます。

最初の1カ月は、**母音の数が一つで、かつ同じ母音の単語を集め、グループ単位で覚える**ようにしました。たとえば、母音がaで発音記号は[æ]のもの。できるだけ身近にあるものを選びながら、hat, bag, cat, gasなどのカードを作って覚えていきました。英語は日本語よりも母音の数が多いので、母音が一つの単純なものから始めるのがいいと思います。次の1カ月は、カタカナ英語として使われている単語に注目しました。banana, cake, boatなどです。

カードを作るのが楽しくて、私は夜なべをして作っていましたが、イラストを描くのが苦手だというかたも、いまなら、インターネットですぐにイラストや写真の画像を見つけられるので、それをプリントしてはるだけで手軽にできます。

英語は最初から英語で覚える！

カードの使い方は、イラストを見せてからその単語を読み、裏にある単語の文字を見せるだけ。帽子のイラストを見せて「hat」と言い、裏返して「hat」の文字を見せ、かばんのイラストを見せて「bag」と言い、裏返して「bag」の文字を見せるといったぐあいです。ここでのポイントは、日本語訳と書きとりは不要ということ。帽子のイラストから「帽子だね、じゃあ英語は何だろう？」などと言う必要はありません。英語は最初から英語で覚えるのです。これで娘は、どんどんカードをクリアしていきました。

また、「すみれちゃん、これは何？ 次のこれは？」などと聞いてしまうと、子どもは緊張してしまいます。**子どもに答えさせようと一生懸命にならなくても、子どもは親のまねをするのが大好きですから、同じように「hat」「bag」と言い始めます。ここで大いにほめてあげます。親にほめられるとうれしくて、また次も次もと自分から要求してきます。**

トマトのカード。私が輪郭を描き、娘が色をつけたもの。単語を覚えるだけでなく、遊びの要素もプラスしました。

ほめるときは、「親と同じようにできた」からほめるのではありません。ちょっとくらい違っていても、自分でやったことに対してほめてあげます。できないからといって、「違う、こうでしょ」などとは言いません。しかってしまうと、親の顔色を見たり、やるのがいやになってしまいます。

モチベーションを維持するためのくふう

英語を覚えるときには、パーフェクトは要求しませんでしたし、**まちがっていても訂正して正しいことを教えたりもしませんでした。**娘が楽しんで覚えるのが一番ですから、楽しく続けられるようにサポートすると決めていました。

カードを使って単語を覚えるといっても、子どもはすぐに飽きてしまいます。「これは楽しいことだ。またやりたい」と思わせておくくふうも必要になります。

まずは、**子どもがどんなふうになったら飽き始めているかを見きわめること。**子どもの様子を見ていると、「あ、飽きてきたな」というのがわかります。**子どもが飽きてしまう前にやめるのが肝心です。**すでに飽きているのに、「これは何?」「ここまでやろう」と強制すると、いやになってしまいます。いまは飽きてきてやりたくなくても、時間をおくと「またやりたい」と思わせるのがコツです。そのためにも、子どもにはいやな体験として記憶させせないことが重要です。娘も飽きる前にやめることで、またやりたいと続けることができました。**「飽きたらやめる」ではなく「飽きる1分前にやめる」です。**

どこの家でも英語と日本語で生活している!?

単語を覚えることに加えて、この時期、もう一つ大事にしていたことに、**「英語がある生活が当たり前だと思わせること」があります。** 英語の絵本などを目に入るところにおいておき、ときどき、英語で話しかけたりします。たまには、外国人の友人を招いてホームパーティーもしていました。それで娘は、「どこの家でも、英語と日本語を使っている、これがふつうだ」と思い、日本語を覚えるように英語も覚えていきました。英語を日常にする、これも必要なことだったように思います。

ただ、**夫やほかの家族に「英語で話しかけて」などと言ったことはありません。** 強制すると、勉強という空気になり息が詰まりますし、家族間がぎくしゃくしてしまうかもしれません。そういった雰囲気を子どもは敏感に感じとりますから、気持ちが落ち着かなくなります。

子どもの力を伸ばすためには、家族が仲よくすることです。家族仲がいいと、心地よいリラックスした環境になり、子どもも落ち着いてものごとにとり組むことができます。

- **0〜1歳** **英語と日本語で話しかける**
- **1〜2歳** **イラストカードで単語を覚える**
- **2〜3歳** **センテンスカードも増加&英語絵本をママに読み聞かせ**

娘が描いた絵のカード。自作の絵でモチベーションアップ。

成功メソッド

1

まとめ

- **いやになる1分前にやめて、無理強いしない。**
- **まちがっていてもいい。やったことを大いにほめる**
- **英語がある生活がふつうだと思わせる**

成功メソッド 2

1歳〜

読書好き

好奇心旺盛

センテンスカードや英語絵本をなぞり読み

愛読していた英語の絵本。動物が主人公のものは、繰り返し読んでいました。CDつきのものもあり、なぞり読みのときに活用。

なぞり読みで英語を覚える

絵本は、すみれの大のお気に入りでした。英語の絵本を手に入れては、読んでいたものです。そのときにしていたのは、「なぞり読み」。その経験が、いま、英語を子どもたちに教えるときに生きています。**「なぞり読み」とは、英語の文章を読むときに、その英語を指でなぞること。そうすることで、この形の文字の組み合わせはそう読むんだとわかるようになりますし、目と耳から英語を覚えることができます**（具体的なやり方は、31ページへ）。

英語の絵本を楽しむためには、英語の文字が読めることが必須です。「なぞり読み」は、英語を読むための最強のメソッドです。むずかしいことはありません。文章を読むときにその文章の下をなぞっていくだけ。楽譜を読むのと同じです。見ている子どもは、何度か繰り返すうちに、読めるようになっていきます。

すみれの「なぞり読み」は、イラスト入りのカードから、センテンスを書いたカードへとすぐに移行しました。短いセンテンスでも指でなぞりながら読んでいきます。英語を覚えることが楽しくてしかたがないという感じです。絵本のなぞり読みもこなしていき、2歳のころには、私に英語絵本の読み聞かせをしてくれるようになりました。

英語絵本を読むときは、日本語に訳してあげたりはしません。知らない単語があっても、その意味をいちいち教えたりせずに進めます。意味はわかるの？と思うでしょうが、知っている単語がふえてくると、絵もあるので、だいたい予想がつくようになります。日本語の絵本を思い浮かべてください。子ども用に作られているとはいえ、初めて知る言葉やよくわからない単語も出てきます。それを読んで楽しんでいるのですから、英語の絵本も同じです。

英語ができない、ネイティブのような発音ができないから読んであげるのはハードルが高いと思っているかたでも大丈夫です。CDつきの絵本もありますし、いまはYouTubeに絵本の読み聞かせをしているネイティブの動画も数多くあります。**親が読んであげなくては意味がないということは、まったくありません。**私も、CDなどの音声を利用することがよくありました。いまでしたら、私が子育てしていたころよりもずっと多くの音声があるはずです。手元にある英語絵本にCDがついていなかったら、タイトルを入れて検索してみてください。

大好きな絵本、「おさるのジョージ」のシリーズ（右）と、英語の図鑑（左）。FISH の下が MUSIC で、いろいろな楽器の写真がのっています。

子どもが興味を示す絵本をチョイス！

絵本の話になると、どんな絵本を選んだらいいの？という質問をよく受けます。**子どもが興味を示すものや親しみやすい内容ならば、なんでもいいと思います。**すみれが初めて私に逆読み聞かせをしてくれたのが、『The Gingerbread Man』です。クッキーが主人公なので、親しみやすかったのかもしれません。また、シリーズになっているものが気に入ると、次のものを選びやすくなります。うちの場合、「おさるのジョージ」のシリーズは大好きで、よく読んでいました。これだと、世界中にファンがいるので、音声も見つけやすいですね。

ほかには、絵本ではありませんが、英語の子ども用図鑑もおすすめです。これはある程度英語が読めるようにならないとむずかしいかもしれませんが、カラー写真がたくさんのっているため、子どもは飽きずに見ています。音楽が好きな娘は、さまざまな楽器がのっている図鑑がお気に入りでした。英語の絵本は、とても手に入れやすくなりましたので、好みのものを子どもといっしょに選んでみるのもいいですね。

絵本は読書好きになる第一歩

私は、読書が人生にとても重要だと考えています。読書をすると、情報や知識を得ることはもちろん、創造力を広げたり、わくわくする経験をしたりすることもできます。文字が読めないころに、美術書や写真集を見ると感性や美意識が養われます。内容を理解するようになると、著者の意図をくみとることや、多様な価値観にふれることもできます。グローバルな視点からも、自分とは違った考え方の人や環境があることを知ることで、寛容性が必要だということを、意識せずに感じ、身につけることができます。寛容性を持つことは、とてもたいせつなこと。**将来、育ってきた環境や文化が違う世界中の人とコミュニケーションをとるときには、寛容性が必要になるからです。**

子どもが英語でも読書ができるようになってほしいとの願いもあり、まずは絵本で本を読むことの楽しさを伝えたつもりです。**しかし、英語が読めるようになっても、日本語が読めなければ本末転倒です。母国語もたいせつにしたいので、日本語の絵本も読み聞かせをしました。**2歳くらいになると、ひらがなとは違う形をした

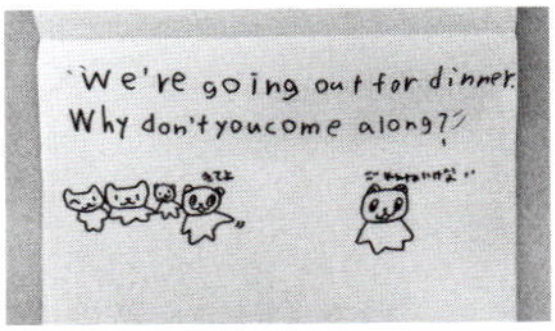

娘が自作したカード。センテンスカードになると、イラストのレベルもUP！

漢字に興味を示し、少しずつ読めるようになってきたのですが、幼児用の絵本だと漢字入りのものがほとんどありません。小学校低学年用の絵本の漢字にふりがなをふってみたりもしましたが、それに飽き足らず、大人が読むような漢字を使った絵本を手作りすることに。娘を主人公にしてストーリーを組み立て、イラストを描き、漢字にはふりがなをふります。これなら、かってにストーリーを変えられるし、お父さんやお母さんが登場することで、とても楽しんで読み、それと同時に、漢字も覚えることができます。英語も日本語も、子どもの好奇心をうまく活用することで力を伸ばしていくことが可能なのです。

成功メソッド 2

まとめ

- イラスト入り英単語カードからセンテンスカードへ
- 英語絵本とその音声を用意し、なぞり読みする
- 子どもの好奇心を活用する

成功メソッド 3

2歳〜

どんな子も!

大きな声で文章を音読し、脳に英語をインプット

これは現在教室で使用しているカードです。短いフレーズや文章からなぞり読みを開始。どんどんクリアしていくと作るほうもたいへんですが、楽しんで作っている様子を見せると効果あり！

子どもに「書きとり」は不要。「読む」から始めるのがベスト

絵本の読み聞かせ（なぞり読みで）を続けていると、娘もまねをして自分から文章を声に出して読むようになりました。このときも、決して「さあ、すみれちゃんも読んで」とか「まちがったからもう一度」などと押しつけたりはしませんでした。私が楽しそうになぞり読みをしていたら、まねをして読み始めたのです。それが遊び感覚で日常のひとこまとして、当たり前のようになっていきました。3歳になると、16ページ以上ある英語の絵本を私に読み聞かせしてくれるようになり、そのときから私は読み聞かせをしてもらう側になりました。

英語の文章を覚えるためには、見て聞いて暗記する方法が一番です。子どもはすごい力を持っています。その力を大人が「子どもだから」と低く見積もってはいけません。実際に、娘だけでなく、私が英語を教えている子どもたちも、スポンジに水を吸わせるようにどんどん英語を覚えていっています。

英語環境にない日本では、**「読む、聞く、話す、書く」の4技能のうち、「読む」がいちばん手をつけやすく、伸ばしやすいところです。**読めた！と達成感を伴うた

め、子どものやる気も続きます。小さい子には「書きとり」は不要です。なぜなら、ＡＢＣの形をまねて書くこと自体がむずかしいですし、一つの単語を書き終えるまで、とても時間がかかります。筆記具を扱い慣れないうちは筆圧が弱く、文字を書くことに疲れてしまうでしょう。**書くことは時間のむだと考えて、英語を「読めるようになること（リーディング）」を最初に始めています。**

リーディングはなぞり読みでマスター

英語の絵本やカードの文章をなぞり読みして見せると、娘はすぐにまねをして同じようになぞりながら読むようになりました。そういうふうにするものだと思ったのでしょうか、あるいは、なぞりながら読むのが楽しそうだと思ったのかもしれません。絵本の文字はたいてい小さいので、子どもが自分でなぞり読みをするときは、文章を拡大コピーするか、紙に大きく書いてあげました。大きくすることで、文字の形がはっきりわかるようになります。もう一つ、子どもがなぞり読みするように仕向けることも大事なこと。音源を用意して、聞こえてくる文章を親が声を出してなぞり読みして見せると、子どももまねてやり始めるでしょう。"Show, don't

なぞり読みの進め方

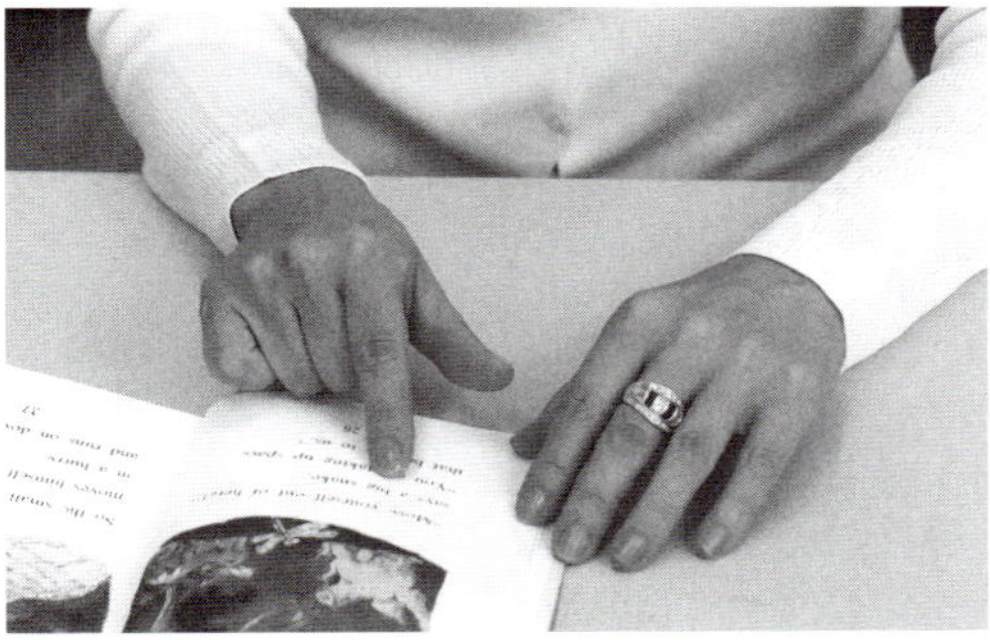

最初はやり方を見せる

英語の絵本をなぞりながら、最初は親がやり方を見せてあげましょう。文字が大きいものはそのままでも大丈夫ですが、文字が小さいときは拡大コピーを。子どもがやってみたいと思うように、楽しそうにするのがコツ。

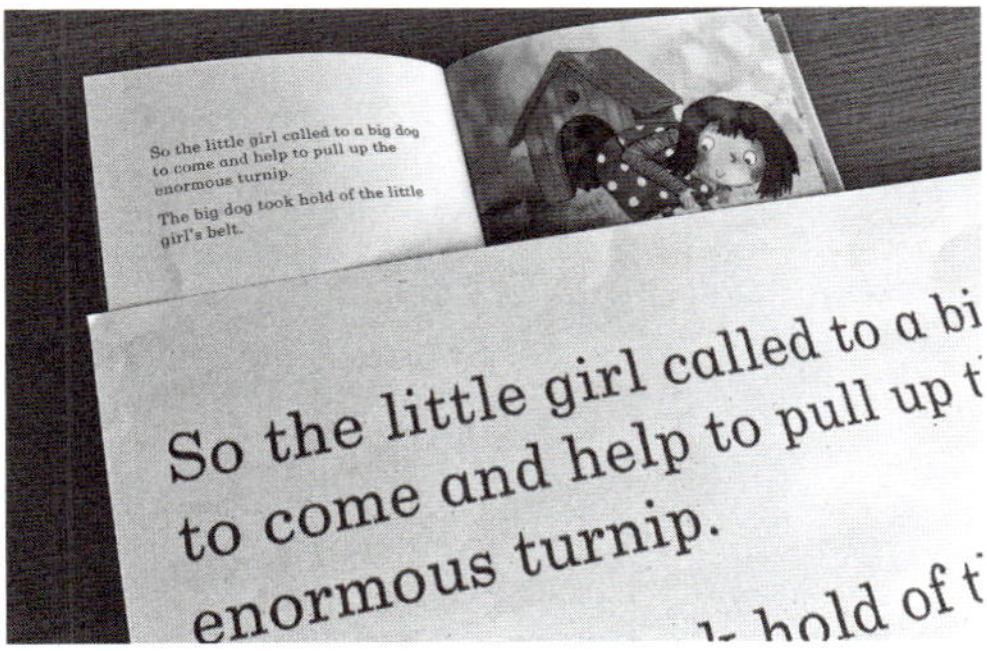

大きな文字でわかりやすく

文字を大きくすることで読みやすくなり、子どもが集中しやすくなります。親はひと手間必要になりますが、このひと手間でやる気がアップします。めんどうだと思わずにやってみてください。

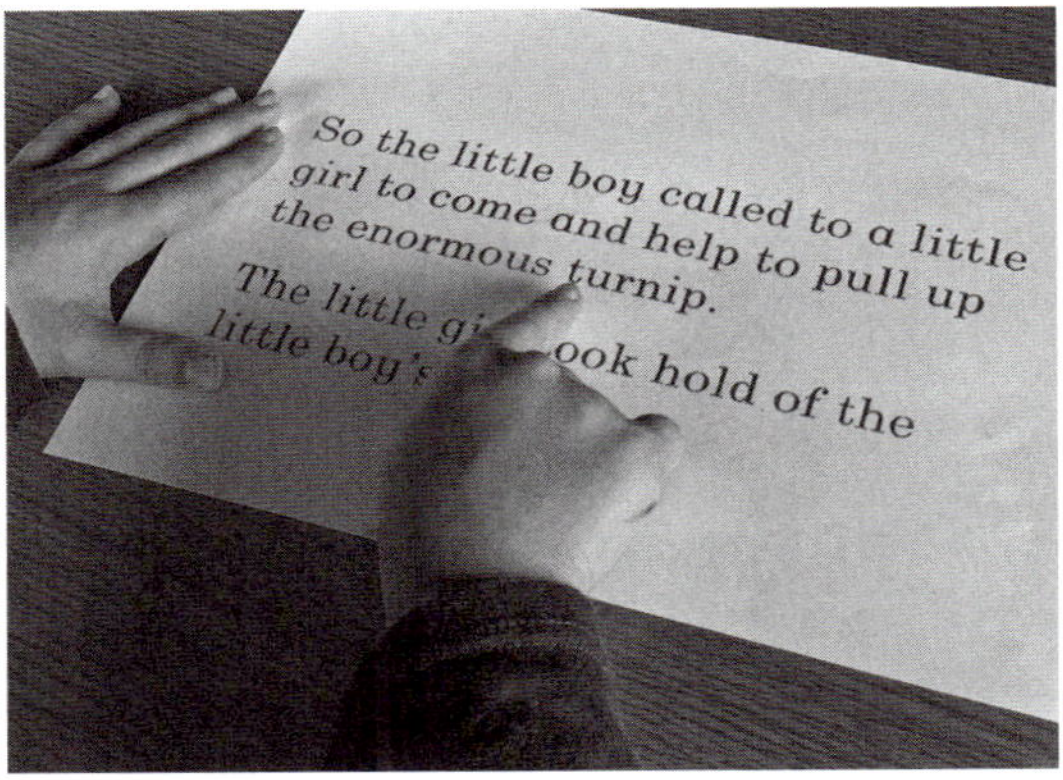

大きな声でなぞり読み

なぞり読みのやり方は、
1. お手本の音声を聞く
2. 英語に指を添えてなぞりながら大きな声で音読する　この二つだけです。短い文章ごとに音声を止めて音読しましょう。そのうち、音源の機器を自分で操作し、子ども主体でどんどん進めていくことができるようになります。

tell.』です。「～しなさい」と説明せずに、やってみせるのがいちばんです。

大きな声で音読すると文章をまる暗記できる

音読するときに、私が「大きな声」にこだわるのには理由があります。**大きな声を出すことで、「自分で発音した英語を、自分の耳でしっかり聞くことができる」からです。**さらに、音声を聞きながらの音読には、「音声の英語を聞く」「自分で大きな声を出して言う」「自分が出した声が聞こえる」と、**一度で3回の英語をとり込むことができるメリット**があります。一度のなぞり読み音読で、脳に英語をしっかりとインプットができるのです。

文章の中の知らない単語や意味をいちいち教える必要はありません。センテンスや文章をまる暗記すると、「この場合、こんなふうに続ける」などと文章例や法則が自然と頭に入ってきますので、効率よく英語を覚えることができます。たとえば、英検の穴埋め問題は、短い文章内の単語を伏せて、そこに入る単語を選択する問題ですが、いちいち日本語に訳してから選択するよりも、文章をまる暗記しておくと、そこに何が入るのかすぐに選択できるようになります。

また、文章のだいたいの意味がわかるためには、**単語力が重要**です。娘は、なぞり読みで文章をまる暗記するとともに、単語もどんどん覚えていきました。同じ母音のグループの単語の暗記がある程度進んだら、英検5級、4級用の単語集がおすすめです。文字が小さいので、大きく見やすいカードにしてあげると集中しやすくなります。繰り返してお伝えしたいのは、親はサポートするだけだということです。落ち着いてとり組める家庭環境を整え、必要なものを準備して、やる気を起こさせ、飽きる前にやめること。親は見守るだけでいいのです。

成功メソッド

3

まとめ

- 大きな声でなぞり読み（音読）をする
- 日本語訳はだいたいわかればいい
- 押しつけたり、しかったりしない

娘のすみれさんにQ&A

Q 英語ができてよかったことは？

A 世界中に友人がいて、対等に仕事ができる

英語が話せることで、世界中に友人がたくさんできました。海外のどこの国に行っても友人がいる（&つくれる）ことは楽しいですね。また、SNSやブログで、国籍やバックグラウンドに関係なく情報が発信できます。それと、海外でもなめられることなく、仕事ができることも大きいです（笑）。

Q 英語学習でつらかったことは？

A 大学受験用の単語を短期間で覚えたとき

単語の暗記は小さいころからやっていたので、慣れていたつもりでしたが、高校2年でハーバードの受験を決めてから、SAT（アメリカの大学入試）の勉強をし、日本で習っていた世界史・数学・化学などの用語をごく短期間のうちに英語で覚え直さなければならないときは、さすがに苦労しました。

廣津留すみれ

バイオリニスト。

Smilee Entertainment 社 CEO。

1993年大分生まれ。地元の公立校からハーバード大学に現役合格し、首席で卒業後、ジュリアード音楽院修士課程に進み、首席で卒業。現在ニューヨークで起業し、バイオリニストとして活動するとともに、多方面に事業を展開中。

Q 幼児～小学生にアドバイスを！

A 英語は人生をおもしろくするツールの一つ！

英語を通して知ることができる世界はワクワクするものが詰まっているので、英語を「勉強」すると思わずに、人生をおもしろくするツールをふやすと思って楽しんで身につけてほしいです。また、ご両親には、英語でしか吸収できないものを少しずつ子どもに見せてみること（洋画、海外ニュース、YouTube、外国人と会う、海外のスポーツゲームなど）をおすすめします。

Q 今後、英語力をどう生かしたい？

A 英語＋αのスキルを磨き続けたい

英語力よりも、英語を使ってコミュニケーションする相手の多様性や文化を尊重できるマインドセットが大事な世の中だと思います。世界を舞台に戦う人は常に相手の立場でものを考えることが求められるので、言葉選びも慎重になりますし、その人のバックグラウンドを理解したうえで話すことが重要です。英語ができれば「はい、OK」とはいきません。ニューヨークで仕事をしながら、いろいろなカルチャーにふれ、その英語＋αのスキルをまだまだ磨き続けたいと思います。

Dear mom

幼いころから知らず知らずのうちに身についた英語が、
いまとなっては人生に欠かせないツールになっています。
いま私が米国をベースに仕事ができているのも、
幼いころに基盤がつくられていたからだと思うので、
ほんとうに感謝しています。
また温泉につかりながらアイディアをねることを
楽しみにしています。

すみれ

case 2

小学生のうちに文法を音読しながらマスターして英語で仕事ができる人に！

英語アプリ「カラオケ English」主宰・料理研究家

行正り香さん

Rika Yukimasa ● 1966年、福岡県生まれ。カリフォルニア大学バークレー校卒業。帰国後は広告代理店でCMプロデューサーとして活躍。在職中から料理研究家となり、著書は50冊以上あり、中国語・韓国語の翻訳版もある。長女かりんさんを2000年に、次女さくらさんを2002年に出産。子どものための学習サイト「なるほど！エージェント」を2010年に開設、2017年4月に英語学習アプリ「カラオケ English」をローンチ。

成功メソッドはこれ

成功メソッド 1

be動詞と一般動詞の基本を6年生までにマスターする

成功メソッド 2

4年生から英語学習を加速させる

成功メソッド 3

英語アプリで1日8分、声を出す

英語は、自分が持っている5の力を10にしてくれる

子どもたちが生まれたときに、絶対にプレゼントしようと決めていたものがありました。それは彼女たちの人生に役立つこと。一つは料理ができるようになること、もう一つは英語力です。これらはこれからの世の中を生き抜くために必要な技能で、料理は生活力、英語は世界とつながる力です。この二つにITリテラシーを加えた三つが、これからの時代に不可欠だと思っています。

特に英語は、やりたいことにたどり着くための「靴」のようなものだと考えています。英語が使えたら、どこへでも出ていける。そして、学問でも仕事でも、自分の力が5だとしたら、できることが10になる。これは私自身が体感してきたことでした。

トライ&エラーで探してきた課題「子どもにどうやって英語を学ばせる?」

長女のかりんが3歳になったころから、週1回、ネイティブの先生がいる英会話

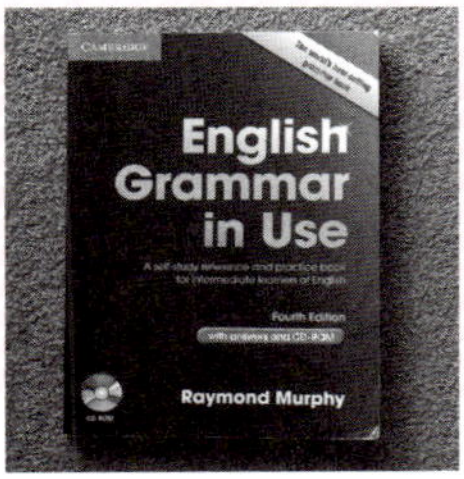

『English Grammar in Use』は現在でも人気の文法の名著。私がアメリカ留学時代に習った英文もこのような文法書からでした。

教室に通わせました。でも、しばらく通っても話せるようになったのは、「What's up?」「Great!」くらい。発音はよかったけれど、「それだけなの？」とショックでした。その原因を追究したら、先生がどんどん変わることで英語を体系立てて学ぶということができなかったからだとわかりました。

家では私自身も、英語で話しかけることはしていました。でも、仕事も忙しかったので、保育園から帰ってきて寝るまでのあわただしいなか、起きている間ずっと英語で話しかけるというのは不可能でした。保育園や小学校の送り迎えのときに英語で話しかけることにトライしましたが、成長するにしたがって、だんだん恥ずかしがるようになり、早足で逃げられたこともありました（笑）。

次に通わせたのは、プリント式の教材を使う塾。こちらは体系立てて学べますが、残念ながらうちの子は、宿題をやりたがらなかったんですよね。あるとき、私が帰宅したら、自分は何もしないで宿題を全部友達にやらせていたことも……。これでは何年かけても前に進まない、と思ったのです。

「最低限の英語力」を身につけるための道具がほしい！

では、どうやって娘たちに英語を身につけさせるかと考えたとき、私自身がアメリカで英語を勉強したときに効果的だと思った方法が思い浮かびました。その方法は、**まず例文の音声を聞き、自分でまねして読んでみます。そのとき、自分の声を録音します。次に、再生して発音をチェックしてから、その文法を活用して作文をするという方法**でした。こうした一連の作業をオールインワンでできるツールは何だろうと考えたら、**アプリだ！**と思ったのです。そこで、娘たちに英語の基礎を学ばせるアプリを、ずいぶん探しました。でも、見つけられませんでした。英語の文法をある程度理解していれば使えるものはあります。でも、最低限の英語力がないと、そもそも英語を読むことができず、音読を始めることができません。

最低限の英語力とは、単語をただ並べるだけではなく、単語と単語を結びつけて文を作り、それを声に発して、自由作文ができる力です。**つまり文法を活用して使えるということ。**最低限の文法を理解して使えるようになれば、その先はいくらでもたくさん英語を勉強する方法はあります。英語の本を読み、その本を英語で要約

『アナと雪の女王』の子ども用の洋書。かりんとさくらが大好きで、繰り返し読んでいました。

したり、TED talks（あらゆる分野の専門家のプレゼンが聴けるサイト）を英語で聞いて、内容を英語でまとめたり。でも、すべてのベースとなるのは文法。関係代名詞まで理解して使いこなせないと、長文は読めません。この基礎工事の部分のためのアプリが世界のどこにもないならば、自分で作ってしまおう！と思ったわけです。娘たちに英語を使えるようになってほしい、そのための最適な教材を探す過程が「カラオケEnglish」の誕生へとつながっていったのです。

英語力の先にあるもの、それは世界に通じるコミュニケーション力

なぜ、ここまでして英語を使えるようにならなくてはいけないのか。それは、いまのままでは、日本人は世界の中で埋もれてしまうからです。モノづくりにしてもビジネスにしても、すぐれたものを持っているのに、それを世界に通じる言葉の英語で表現できていない。すごくもったいないことです。長女はアートが好きで、その方面を伸ばしたいと思っているようですが、作品がいくらよいものだったとしても、英語が使えないと世界で発表していくことができない、非常にもどかしいことになります。世界のマーケットに出ていくためには、発信力と表現力が両輪です。

母娘3人でヨーロッパを旅行したときの思い出の1枚。旅行のときも、旅の支度を子ども自身でやらせるのが行正家のルールです。

娘たちが英語を学ぶ過程そのものが、アプリ開発につながった

アプリを開発する過程で、娘たちに例題を何度も読んで発音してもらい、アドバイスをもらいました。そして、すべての例文に絵をつけることにしました。人間が得る情報のなかで、視覚能力はもっとも大きいといわれています。音読する内容を理解するのに、絵があれば大きなサポートになるからです。**3年間、娘たちはアプリの共同開発者として英語を勉強してきたともいえるかもしれません。**

娘たちは英語を話せるようになって、「海外旅行先でも、ママの力を借りずに現地の人とコミュニケーションがとれるようになってうれしい」と言っています。英語を学ぶということは論理的に説明する力をつけるということでもあります。私は娘たちにそういう力をつけてほしいという思いがあります。私が考えるバイリンガルは、日本語と英語の両方で仕事ができる人のこと。そのためには、日本語だけでなく英語の構造を理解した説得力のある文章を書けること、さらに、世界に通じるコミュニケーション力をつけることが大事なのだと思っています。娘たちにも、いろんな文化を体験できるバイリンガルになってほしいと願っています。

行正さんの

バイリンガル育児年表

かりん さくら 3歳 ● 英会話教室に通わせたが、挫折

かりん さくら 6〜9歳 ● プリント式英語教室に通わせたが、挫折

かりん さくら 10〜12歳 ● り香さん、覚悟を決めて自分で教えることに。音読にトライし始める

かりん さくら 12〜14歳 ● 「カラオケ English」を徹底。基礎文法をマスターできた。(「カラオケ English」基本3の日本語からの瞬間英作文を3秒以内でできるようになった)

● 「カラオケ English」を卒業

成功メソッド 1

6歳〜

どんな子も!

be動詞と一般動詞の基本を6年生までにマスターする

中学3年間で一気に文法を詰め込むのは、とてもたいへん

現在の日本の英語教育は、中学校で非常にたくさんの文法を詰め込むことになります。特に中学1年生は、ABCから始めて過去形まで一気に詰め込みます。算数の九九はあんなに何度も繰り返し時間をかけて暗記させてもらえたのに、英語の文法になると「1回やったらこの文法は理解したよね」という感じで、あっという間に進んでいくのです。

いまの日本の英語教育のカリキュラムは、きっと頭のいい人が考えたのでしょう。「カラオケEnglish」を開発するにあたってあらためて中学の教科書を見て驚いたのは、**日常で使う会話の基礎はほぼ中学校の英語の文法で網羅できてしまうこと**です。高校でも新しい文法事項はもちろん出てきますが、それらの数は限られていて、ほとんどは中学校で学んでしまうのです。実際、中学校で学ぶ英文法は、ネイティブが英語で会話するときに必要な文法の9割近くを網羅している、ともいわれています。

小学校高学年で準備期間を設ける

「文法なんて学んでも、話せたり、字幕なしで映画を観たりはできないだろう」という人もいます。でも、私が好きなアメリカの連続ドラマ『グレイズ・アナトミー』だって、中学文法と単語を知っていれば理解できます。アメリカの短大の英語の先生に文法を体系的に教えてもらうまでは気づきませんでしたが、中学文法はネイティブが使う日常的な文章のパターンを、簡単なものから順番に教えてくれるものだったのです。そう考えると、文法って、なんて親切なツールなんだろうと思えてきますよね（笑）。

いまでこそ英語で仕事をしている私ですが、中学時代、英語は落ちこぼれでした。なんで落ちこぼれたのか、いまではっきりわかります。先ほどもお話ししたように、文法の詰め込むスピードが早すぎて、ついていけなかったからです。

わが娘に目を向けてみても、「三単現のｓ」（三人称単数現在形の場合、動詞にｓをつけるというルール）でつまずいている様子を見て、ＡＢＣから一気にむずかしい構文までマスターするなんて、絶対に向かないなと思いました。そこで振り落とされずに、be動詞と一般動詞を覚えるスピードについていくには、相当な練習が必要です。

そこで、娘たちが小学校高学年の間に基本文法のベースをつくっておきたいと考えました。ジェットコースターが頂上から落ちていく前にぐ〜っとゆっくり上昇する感じです。**具体的には、6年生までにbe動詞と一般動詞の基本をマスターしておくと、中学入学後にスムーズに授業に入っていけます。**

勉強を始めるときに、親がすべきことはボタンを押してあげること

文法の勉強法としては、一つの方式・メソッドにしぼって徹底して勉強させることがとてもたいせつです。英会話教室で先生が変わるたびに学び方の体系が変わったことで、娘たちには英語が身につかなかったことからもそれを痛感しています。

ただ、そうした教材をただ与えるだけでいいかというと、それだけでは子どもは勉強しません。**私が親としてしたことは、子どもをすわらせて、教材を開いて子どもの目の前におくこと。**「カラオケEnglish」だったらデバイスの電源を入れてアプリを起動する「ボタンを押す」ことです。ただし、親が英語の勉強を逐一見ている

必要はありません。一生懸命、ただほめてあげればいいんです。ほめられたらうれしくて続けたくなります。自分から、どんどん勉強するようになるんです。

さらに、始める前に、きょうやることを伝えるだけでなく「きょうは○○ができるようになろうね」と目的をはっきりさせることを徹底しました。たとえば、「『どんなものが好きですか？』と聞けるようになろうね」と言って、「What do you like?」を学ばせる。その単元のタイトルを言うだけで十分です。全体像がハッキリすると子どももやる気が起きるようでした。

この「ボタンを押す」作業も、子どもが自分で「あ、わかる」という快感を覚えたころには必要なくなりました。わかる＝楽しいの感覚がつかめたら、言わなくてもやるようになります。自分から、どんどん勉強するようになるんです。でも、そこに行き着くまでは、本当に時間がかかります。これは英語だけでなく、ピアノやサッカーなど、すべてのものに通じることかもしれません。

成功メソッド 1

まとめ

- 中学英語は詰め込み度がとても高いと知っておく
- 小学校卒業までに英語の勉強のベースづくりを
- 目的を明確にして集中させることが親の役目

成功メソッド 2

9歳〜

ある程度
英語ができる

4年生から英語学習を加速させる

小4前後から、理論的な思考ができるようになる

必要最低限な英語の基礎を、効率よく勉強させると考えるなら、**私は小学4年生から集中的に学習するのがいいと考えています。** 娘たちを見ていても、ものごとを論理立てて理解できるようになるのはこのころだったからです。もっと早くからスタートしたほうがいいのではと思われるかもしれませんが、早く始めても、長く続けなければ意味はありません。たとえば3歳から学んだら小学校に入るころまでには英語を話せるようになるのか、というと、発音はよくなるかもしれませんが、文法を理解して英語を使えるようになるのは、論理的にいろいろなことが理解できるようになる小学4年生ころだと思います。

さらにわが家の場合は、長女が小学5年生のときに、受験勉強用の塾をやめました。きっかけは、塾の算数の問題をいっしょに解いていて、「この杭と杭の間が何メートルで……」ということに意味はあるのだろうか、と思ってしまったこと。教育のゴールは必ず英語が使えるようになること、と定めていたので、ほかの教科に割く時間がもったいなくて（笑）。そのときから、英語以外の教科は学校の授業だ

けにして、自宅では英語のみ勉強すればいいという選択をしました。ここは、親としての覚悟も必要かもしれません。

「声を出す」ということが恥ずかしくないころから始めたい

小4から文法の理解力が出るわけですが、**もう一つ大事なのは、声を出すことへの恥ずかしさがないころにスタートしたいということ。**女の子ならば5年生ごろまで、男の子なら4年生ごろ。特に男の子は、声変わりをすると、自分の声が恥ずかしくて口を開けない子が多いからです。発音ができなければ、聞きとりができるようにならないし、話せるようにならない。そして、声を出して発音することよりも、頭で理解しようとすることが先立ってしまうと、「失敗しないように」とよけいに声を出すことをはばんでしまいます。**音読をするときには鉛筆禁止、**としているのは、まず声に出すことに集中してほしいからです。思春期が始まる前、声をたくさん出すことに抵抗がないうちに、音読する習慣をつけたいですね。

「カラオケEnglish」も、この4年生から本格的に、という考え方は同じです。ただ、早くからスタートすることも可能です。英語を読めなくてもシャドーイングができるようになる3歳から始めることができます。**幼児期は、言葉のリズム、イントネーション、単語のグルーピングを、音の感覚として身につけられたらそれでOK**です。1〜2年生くらいになったら、1コマずつ課題をコンプリートしていき、発音を繰り返すだけでなく、文法解説も聞いていくようにします。ついていけない課題があったら、繰り返します。**そして論理的に文法を理解できるようになる4年生からはステップをどんどん進めていくことができるでしょう。**

成功メソッド 2

まとめ

- 文法が理解できるのは4年生から
- 声を出すのが恥ずかしくない年齢から始める
- 小さいころはシャドーイングで発音がよくなる

成功メソッド 3

3歳〜

好奇心旺盛

英語アプリで1日8分、声を出す

「カラオケ English」は、親しみやすい雰囲気のキャラクターも人気。「こんなこと言ってみたい」と娘2人が英語に興味を持つきっかけに。

わが子はどのくらいで勉強に飽きる？　実験した結果が8分

子どもが勉強するときに、どのくらいの時間で飽きるのか。何度か、娘たちが英語を勉強しているときに時間を測ってみたところ、どうも10分はもたないということがわかりました。**最長でも8分程度。**8分間でできる内容を、きりのいいところでいったんコンプリートするような単元を積み重ねると効果的なのかもしれない、と考えました。そこで、「カラオケEnglish」では1コマ約8分で終わるよう設定しました。

セファール（CEFR：ヨーロッパ言語共通参照枠）のA1・A2レベル（英検準2級）までの文法の基礎は、基本的には文科省が中学英語の教育指導要領で設定している内容とベースは同じで、これが世界的に基本となる文法の土台です。そのトータルを、8分できりがいいところまで分割していったのが「カラオケEnglish」の1コマ分ということです。

身につくようにするためには、何度も繰り返すことが大事

学びには繰り返しが必要です。英文法がわからないレベルの人にとってシャドーイングがいちばん、聞く力と話す力が伸びるといわれています。英文を音で聞いて自分で発音して学ぶ、この繰り返しです。

ただ、この「聞く」と「話す」は、脳の違う部分を使います。インプットして出す、インプットして出すを瞬時に繰り返すと、脳の違う部分をフル稼働することになり、脳は非常に疲れます。疲れた分、身になっていく。**これは筋トレと同じ。**ピアノでカノンを繰り返しレッスンするように、サッカーでドリブル練習を重ねるように、繰り返して聞く・話すが効果的です。

娘たちはほぼ毎日2年間、この繰り返しをして英語力をつけました。

アプリならシャイな子でも大丈夫！

英語に自信が持てないうちは、相手に向かって話すことはなかなかハードルが高いことです。英語らしい発音も、誰かに聞かれていると思うと、恥ずかしくなって

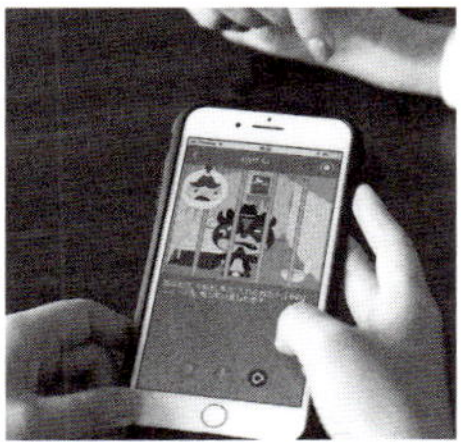

「カラオケ English」はパソコンはもちろん、スマホやタブレットで場所を選ばず気軽に勉強ができるのも魅力です。

しまいがちです。その点、「カラオケEnglish」のようなアプリなら、画面に向かって話す壁打ち方式なので大丈夫。**口の形を意識しながら話す練習をしているうちに、英語を話す筋肉のようなものがついてきます。**

自分の発音がいいかどうかは、録音した自分の声を聞けばわかるものです。

勉強に集中できるベストタイミングを探し、ごほうびを用意

集中できる時間が8分として、同時に、勉強させるタイミングがたいせつです。子どもを観察していると、その集中できるタイミングがわかってきます。いつだったら集中できるか、好きなテレビやおやつの前なのかあとなのか。そこはトライ&エラーでベストタイミングを探したいところです。

そして**終わったあとのごほうびを用意しておくことがたいせつ。**おやつをあげるとか、YouTubeを1本見ていいとか、それはなんでもいいと思います。わが家の場合、実は「お金」でした。いろいろ試した結果、いちばんモチベーションが持続したので、「カラオケEnglish」をやるのはあなたたちの仕事、と伝えていました。「カラオケEnglish」には1コマ終了ごとにスタンプがあって、これが「ごほうび」

です。自分から勉強するようになるまでは、子どもには「英語の勉強しよう」というのではなくて、「きょうもごほうびゲットしようか」というような誘い文句で促していました。

同じところを繰り返すのはOK

お母さんたちからは「小さな子どもが同じ課題を何度もしたがるけど、どんどん進めたほうがいい？」という質問を受けることがよくあります。親としては、子どもに早く課題をコンプリートさせて次へ進ませたいのはわかります。でも、私は同じところを勉強していていいと思っています。絵本の読み聞かせだって、同じ本を何度も繰り返し読みますよね？　繰り返し読むことで、子どもは文字が読めなくても、全部まる覚えで絵本1冊分ページをめくりながら全文言えるようになったりします。それと同じです。**何度も繰り返すことで、文法がわからなくても、シャドーイングによって覚えるし、いつかその文法を理論的にわかる年齢になったとき、完全に自分のものにできると思います。**

もし、私がもう一度、娘たちが3歳のころから英語をやり直せるとしたら、アニメでも絵本でも、家の中で観せるコンテンツはすべて英語に限定したいと思っています。できるだけ日常的に英語を繰り返し聞かせて、耳を慣れさせることがたいせつだからです。

成功メソッド

3

まとめ

- 繰り返して話す聞く、集中の限界は8分
- 終わったらごほうびをあげること
- 同じところの繰り返しはOK

娘のかりんさんとさくらさんにQ&A

Q「英語が話せるようになった！」と思ったのはどんなとき？

A 和文英訳ではなく英語がスラスラ出たとき（かりん）

パターンをまるごと覚えて、考えながら話していたのが、スラスラ出てくるようになったときです。英語で聞かれたことに対して日本語で答えを考えて英訳するのではなく、そのまま反射的に答えていて、頭じゃなくて体で覚えていた！と実感できました。

「英語が話せるようになって世界が広がった」が、2人共通の意見でした。

Q 英語が話せてよかったことは？

A 旅先で自分で行動できるようになったこと！（かりん）

英語が話せるようになるまでは、家族で海外旅行に行っても、何言っているかわからなくて、怒られているの？とか、注意されているのかも、とビクビク。ママのそばにいないとよくわからなくて不安でした。でも、言葉がわかると、自分で行動できるようになり、人と交流できるようになったのがよかったです。

Q あなたにとって英語とはずばり、何？

A くっきりと世界を見るためのメガネみたいなもの（かりん）

世界が広がるという意味で、ママは「靴」と言っていますが、私は「メガネ」かもしれないと思っています。英語がわからないと、ぼんやりとしか見えないものが、英語がわかるとくっきり見えてくる。人の容姿だけではなくて、話している内容までわかってくるから。世界が広がってワクワクすることがふえます！

Q 将来、英語を使ってしたいことは？

A グローバル化する世界で広告の仕事がしたい（さくら）

広告の仕事をしたいんです。これから世界はもっとグローバル化していきますよね。広告でも、日本だけで通じる表現では足りなくて、世界の誰が見てもわかりやすい表現ができるために、英語は必要だと思っています。言語を学ぶことは文化を学ぶことでもあるから。

Dear mom

ママへ　幼稚園のころ、魔法の呪文みたいな英語をスラスラ話すママに憧れました。でも小学生になったら、登校中に英語で話しかけられるのが恥ずかしくて。後ろから"Karin-chan, wait for me! Please walk slowly!"と、追いかけられたことも。いまになると、無視する娘をあきらめなかったママはすごいと思います。英語を本格的に学んで英語が呪文ではなくなりしゃべれるようになって、世界が広がりました。ありがとう！

かりん

Dear mom

子どものころ、英語は宇宙語でした！　そんな娘のために、英語の教材まで作っちゃうなんて、世界じゅうでうちのママだけだと思います。カラオケEnglishがローンチしたとき、少し悲しかった。自分より英語がうまくなった人を見るのは少し怖いから。とにかく、おかげで一つのものごとをさまざまな視点から見ることや、海外の人たちと話す楽しさを覚えました！　I am the happiest daughter having a mother like you！

さくら

Column 1

廣津留さん流

ハーバードの英語は単語が9割。英語力は単語力！

書きとりや文法は不要。単語をまる暗記！

2歳や3歳の小さい子どもに英語を教え始めるときに、まず、親がいままで習ってきたやり方に固執しないことを意識してほしいと思います。私たちは、学校の授業でABCの書きとりとともに、文法を習ってきました。それが頭に残っているのでしょう。書きとり、文法をやらせようとするかたが多いのに驚きます。ですが、母国語の日本語がよくわからないうちに、英語の文法を覚えることや、1字を書くのにとても時間のかかる書きとりをする必要があるでしょうか？　よくあるパターンの一つは、ABCをきれいに書くことに力を入れること。私は英語を母国語としている人たちが、日本人のようにきれいに英語を書くのをほとんど見たことがありません。日本語は、漢字のはねや払いなどがあってきれいに書くことを求められると思いますが、英語はそこまできれいに書くことにこだわらなくてもいいのではないかと思います。子どもには、書くことよりも見て覚える、暗記が一番です。特に就学前のお子さんの場合は、多少意味がわからなくても、文字を見て言うの繰り返しでまる暗記が有効です。

単語をたくさん知っていれば英語力もアップ

娘がハーバード大学を受験するとき、「かなりの時間を単語の暗記に使った」と言っていました。そして「ハーバードの英語は単語が9割」と断言しています。各教科の問題はもちろん英語で出題されますし、入試エッセイを書くにも、単語を知らないことには、自分の考えを表現することはできません。このことからも、単語力がいかに必要かがわかります。

小学生の子どもの暗記力は、大人と比較にならないほどすぐれています。私の英語教室では、幼稚園から小学校低学年までの子どもたちが、週に1回の授業にもかかわらず、1週間に100語のペースで単語を覚えていきます。このペースでいくと、たった6週間で600語（2020年から小学校4年間で習うことになる英語）を、1年もあれば中学卒業レベルの1800語もらくに覚えられることになります。

単語の暗記が進むと、英語の文章を読んだとき、文中に覚えているのと似ている単語を見つけて「こういう文ではこのように使っている」と感覚的にとらえることができますし、多少わからない単語があっても文章全体の意味をざっくりと理解することもできます。

こうして頭に入れた大量の情報があると、のちに複雑な文章や文法を勉強するときに理解度が違ってきます。書きとりで困ることもありません。インプットさえしておけば、アウトプットは簡単なのです。

行正さん流

Column 2

留学先での体験が「カラオケEnglish」の原点

シーン別英語のおうむ返しからスタート

私は18歳まで英語がほんとうにできませんでした。英語力ゼロのままアメリカに留学したのです。もちろん、最初はちんぷんかんぷん。

そこで、まず試してみたのが、聞こえてきた単語や文章をまるごと覚えていくという方法でした。文法がわからないから、それしかできなかったということでもあります。

それでも、音をよく聞いて自分でも繰り返すうちに、ある程度パターンがあることがわかってきました。たとえば、「What would you like?」と言われれば、「I would like to~」と答えるんだな、といったことです。ただ、このやり方では、おうむ返しのように決まった言葉を返す以上のレベルには、いつまでたってもたどり着かないなと思いました。

文法例文を声に出して読むが最良の道だった

そこで私を助けてくれたのが、ESL（English as a second language: 英語以外を母国語にする人たちのためのコース）の先生でした。その先生は、毎回、A4のプリントを1枚だけ私に用意してくれました。英文法の基本参考書『English Grammar in Use』ような文法書を1冊渡しても、この子にはそれを読む力すらない、と判断したんでしょうね（笑）。

プリントには、中学レベルの文法を使った例文が10個ほど並んでいました。たとえば「will」なら、「I will go to~~」「I will study~~」といった基本的な例文です。先生は、「まずはその例文を読んで、録音して自分の声を聞きなさい（当時はカセットテープでした）、よく聞いて発音がおかしかったら直すように」と言いました。翌日には、先生の前で練習した例文を読み上げ、さらにwillを使ってその場で即興英作文。先生が「she」と言ったら、「She will have lunch with her friends.」、「go」と言ったら「I will go there by 5 p.m..」といった文章をとっさに作るといったぐあい。

こうして一つの課題をクリアしたら、次の課題をやっていくという方法でした。文法を声に出して読み、一つ一つ身につけていく、これが私にとっては最もスピーディーに英語を学ぶための最良の道でした。

このアメリカのESLでの「声に出して一つの文法パターンの例文を繰り返し読む」という経験が、英語アプリ「カラオケEnglish」の基礎となりました。

case
3

英語力ゼロ家庭でも大丈夫。ネイティブ環境をつくって小6で英検1級合格！

東京大学に
推薦合格！
バイリンガルの息子
輪《りん》くん

ベビーパーク 英語育児部門 統括責任者
元主婦ブロガーのタエ

喜田悦子さん

Etsuko Kida ● 1969年、大阪府生まれ。美術科の高校卒業。“タエ”の名前で息子“キリ”くん（本名・輪くん。2001年1月生まれ）との生活をつづったブログ「3才からのえいご／お金をかけずに国産バイリンガル！」が話題となり、2014年に『お金・学歴・海外経験 3ナイ主婦が息子を小6で英検1級に合格させた話』（朝日新聞出版）を出版。2015年、幼児向けの親子教室チェーン「ベビーパーク」で英語育児部門統括責任者に就任。

成功メソッドはこれ

成功メソッド
1
英語音声をBGMにして暮らす

成功メソッド
2
100万語を目標に英語絵本を多読

成功メソッド
3
オンライン英会話でアウトプットの場を確保

生まれてすぐから「賢くなりそうなこと」を実践

私自身、たいして勉強もせずにいいかげんな人生を送ってきたので、生まれてくる息子には、ちゃんとした選択肢がたくさんある人生を歩んでもらいたいと思っていました。そのためには「賢い子に育てなければ！」と、意気込んで、生まれてすぐから思いつくかぎりの「息子が賢くなりそうなこと」を実践。といっても、おむつをまめにかえるとか、声かけをいっぱいするとか、規則正しい生活を送るとか、コミュニケーションの練習のために泣いたらすぐにだっこするとか、友達とたくさん遊ばせるとか、お金のかからない自己流の方法ですが。

英語もその流れです。**英語ができれば、息子の将来の可能性が広がる**のではないかと漠然と思っていました。

2歳10カ月で英語育児開始！　まずは教室&教材から

さぁ英語をやるぞ！と行動を開始したのは2歳10カ月のとき。まずは大手英会話教室のグループレッスンを受講。最初は楽しく通っていて、息子の英語もどんどん

5歳のころ、英検のマークシートを塗る練習中。英検は、過去問を1回解くくらいで対策はしませんでした。5級・4級では、マークシートをはみ出さないように塗る、漢字で名前を書く、消しゴムで上手に消すことが最大の対策でした。

成長しましたが、いつまでたっても同じことの繰り返し。だんだんと息子も私も飽きてきてしまい、半年ほどで退会しました。その後、個人経営の小さな英語教室のマンツーマンレッスンを最初は週に1回、1年後に隔週で受講。こちらは3歳過ぎから小学2年生で引っ越しするまで通いました。それ以降、英会話教室や学習塾には通ったことがありません。

幼児英語といえばコレ！　というとても有名な英語のシステム教材も始めたかったのですが、値段がウン十万円と高すぎて断念。かわりに、ちまたでも評判のよい3万～4万円の教材を買いそろえました。毎日同じCDをかけ流すことがメインの教材で、これも最初は〝英語に慣らす〟という意味ではよかったのですが、使ううちに「これをずっと続けていてもネイティブのように英語を話せるようにはならないだろうな」という思いがムクムクと。最終的には、その教材のアドバイザーから「英語を〝読む〟ことをしてはだめ」と言われたことで、すでに英語の絵本を読んでいたうちの子には合わないと判断。教材費はもったいなかったけれど、半年たたずしてやめました。**いくら世間の評判がよくても、自分の子に合うか合わないかは、親がきちんと見きわめなければいけませんね。**

わが家を英語ネイティブ環境に近づける！

私は息子に、日本語と同じように英語を習得させたかったので、英会話教室と英語教材を始めたのと同時に、家の中で**英語ネイティブと同じ環境をつくろう**と考えました。

とにかく必要なのは、英語の量。たくさんの英語に、ごくごく自然なかたちでふれること。そこで始めたのが、**英語絵本の読み聞かせ、英語圏の幼児向けのテレビ番組やアニメを観る・その音声のかけ流し、**そして**英語での語りかけ**です。

英語絵本は月に20冊くらいのペースで買い集めていき、息子が好むものを読み聞かせていました。これが、3歳過ぎからの多読につながります。多読をするようになってから、読んだ洋書の語数を数えて記録するようになりました。

英語のテレビ番組とアニメのビデオ（当時はＶＨＳでした）も月に1、2本購入。どうせ観るなら日本のテレビ番組より英語のほうがええやん？くらいの感覚でしたが、これは、英語環境をつくるのに効果絶大でしたね。特にアニメは、それまで日本のアニメを観せていなかったせいか、大喜びで飛びつきました。音声だけを録音

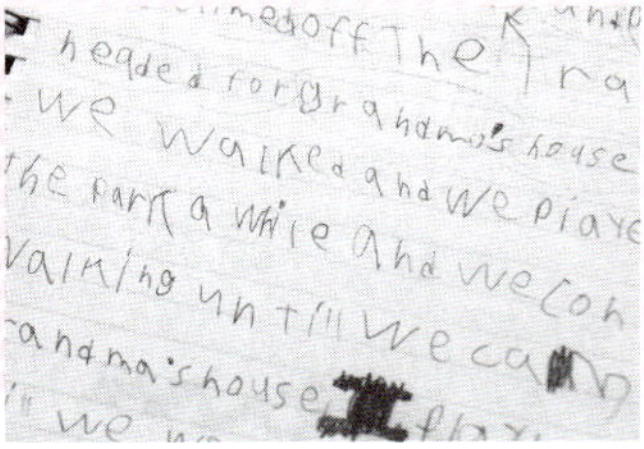

息子が6歳のときの英語日記。単語のつづりまちがいはあるが、このくらいは書けていました。
「We climed off the train and headed for grandma's house. We walked and we played in the park a while and we continued walking untill we came to grandma's house.」

し、BGMとして流し続ける「かけ流し」にも使えますし、絶対おすすめです。

語りかけは、英語力のない私でも話せる簡単なフレーズで実践。発音が悪いのは申しわけなかったけれど、英語を日本語と同じような〝日常の言葉〟と認識させるには、まず親がふつうに話さなければ、と思いました。私の会話数なんてたかが知れているので、発音が悪くても、**かけ流しやアニメ視聴で十分、矯正可能**です。

5歳で初めての海外旅行！

初めての海外旅行は息子が5歳のとき。私の姉とその子ども、私と息子の4人でグアムへ行きました。すでに英語で会話をし、自分で絵本を読み、簡単な文章を書くこともできるようになっていたので、少しは英語を使う機会があるかなと思ったのですが……。ホテルやお店では日本語が通じるし、レストランの注文などは大人がするものだし、通訳してほしいことは内容も複雑なので5歳児では無理だし。ということで、息子の英語の出番はほとんどなし。ただの楽しい旅行で終わりました。

Friday,
I catch a ball today with my hands

2005年11月。4歳のときの日記。1文を輪くんがパソコンで打ち、絵のかわりに写真をとり込んでいました。筆圧が弱く、書くことが苦手で絵日記をいやがったのでパソコンを使いました。

年中さんで英検に初挑戦！　6年生で1級合格！

初めて英検に挑戦し、5級に合格したのは5歳。その後、年長さんで準2級、小学1年生で2級、4年生で準1級、6年生の7月に1級に合格しました。**ちょうど英検3級に合格した5歳の秋ごろ、自分の感情まで英語で表現するようになり、「バイリンガルになった！」と実感しました。**

小学1年生の夏休みにはオンライン英会話をスタート。1回25分（300円程度）を週に1回程度ですが、英語を実際に使う場としてはとても効果的でした。その後は主に、英語力の維持を心がけていました。幼児のうちは、3日も英語にふれないと発音が悪くなったような気がしていましたが、5年生になったころには、そんな不安もなくなりました。

こうしてまとめると、「英語最優先！」という感じですが、**英語育児で私がいちばんたいせつにしていたのは、「日本語をおろそかにしない」こと。**日本語が遅れれば、すべての学習が遅れるからです。小学生から数学に興味を持ち、いまは物理の道に進んでいる息子を見ると、その方針にまちがいはなかったのかなと思います。

喜田さんの バイリンガル育児年表

2歳10カ月	英会話教室グループレッスン受講→半年でやめる
	英語システム教材購入→半年足らずでやめる
	絵本読み聞かせ開始
	英語のテレビ番組・アニメ視聴開始
	英語音声のかけ流し開始
	母による英語での語りかけ開始
	お手製フラッシュカードで単語の定着を図る
3歳	英会話マンツーマンレッスン開始→小学2年生まで
	英語の絵本を自分で読みたがるようになる
3歳3カ月	英語の本の多読スタート（単語の数をカウントする）
4歳	簡単な英作文を始める
5歳	英検5級合格　英検4級合格　英検3級合格
6歳	オンライン英会話スタート
	英検準2級合格　英検2級合格
10歳	初めてのTOEICで920点獲得
	ジュニア算数オリンピック決勝進出　英検準1級合格
11歳	英検1級合格
12歳	私立中高一貫校に首席で合格（英語関係なし）
17歳	国際物理オリンピック日本代表に選抜
18歳	東京大学に推薦入学

成功メソッド 1

0歳～

どんな子も!

英語音声をBGMにして暮らす

スピーカーとMDのついたMP3プレーヤーの「musicdog」。小泉成器製なので、「小泉くん」と命名。テレビやパソコンからの音を直接録音でき、スピーカーも内蔵。手軽に持ち運べるサイズもちょうどよかった。現在は入手不可。

とにかく多くの英語を聞かせたい！

英語も日本語と同様、当たり前のように自然に身につけてほしい！　英語ネイティブと同じような環境をつくりたい！　とにかく英語をたくさん聞いてほしい！という思いから始めたのが、**英語音声のかけ流し**です。

幼児期は、かけ流しによって**リスニング力が大幅にアップ**するということを聞いたので、これをやらない手はないと考えたわけです。

そこでさっそく、かけ流しがメインの英語教材を買いましたが、同じCDを毎日聞くのは、想像以上につらいもの。いっしょにいる私のほうが飽きてうんざりしてしまい、息子の英語力にもさほど効果がなさそうだったので、半年くらいでやめてしまいました。

さて次はどうしようかと考え、目をつけたのが、すでに視聴を始めていた英語の幼児向けテレビ番組やアニメです。とはいえ、ずっとテレビを観せることはしたくない。あくまでBGMとして「かけ流し」をしたかったので、音声だけを録音して流すことにしました。

かけ流し機器は直接録音＆スピーカーつきが便利

当初はテレビの音声をCD／MDプレーヤーで録音して再生していましたが、少しして出会った**小泉成器のmusicdog**という、スピーカーとMDのついたMP3プレーヤーがとても使いやすかった！　テレビやパソコンから直接録音できて、手軽に持ち運べる絶妙なサイズ。「小泉くん」と名前をつけて、毎日大活躍でした。その後、iPodも使いましたが、小泉くんにはかなわなかったなぁ。

あくまでBGMとして。真剣に聞かせない！

かけ流しは、息子がおもちゃなどで遊んでいるときや、食事の時間などに行っていました。**ポイントは、「聞かせないように聞かせる」こと。まちがっても、「ほら、英語を聞いて！」なんて言ってはいけません。**日常の生活音として、ただ聞こえていればいいのです。だって、音に集中して真剣に聞いてしまっては、遊びや食事、親子の会話のじゃまになってしまうでしょ。それでは、幼児らしいふつうの生活が送れなくなってしまいます。

テレビで観るために集めていたアニメDVDの音声だけを録音し、かけ流しに使用。観てよし、聞いてよしの一石二鳥です。息子のお気に入りだった「カイユーシリーズ」は、すぐに使えるフレーズが満載でおすすめ。

ですから、ボリュームには注意しました。おもちゃで遊ぶ手が止まらないくらい、ちゃんと会話ができるくらい（英語でも日本語でも）が目安です。

1日平均2～3時間を目標に。でも無理はしない

時間は、**1日平均して2～3時間。**朝、息子が起きたらすぐにかけ、食事や着がえをする間で1時間。夕食から寝るまで（おふろの時間を除く）1時間半。これで2時間半ですから、けっしてむずかしくはありません。幼稚園入園前ならお昼ごはんの前後も使えますし、車の移動中もかけ流しにはぴったりですね。かけ流ししない時間は、外でたくさん体を動かして遊んだり、英語のテレビ番組を観たり、英語の絵本を読んだり。最初のうちはどうせ英語の意味なんてわからないのだから、音楽をかけるのとなんら変わりありません。

英語の歌をかけ流すのは、楽しいけれどあまりおすすめできません。親のほうがすぐに飽きてしまうし、言葉として英語をとらえるにはあまり適さないと思います。

英語のかけ流しを行ったことで、息子も私も日本語のテレビはほとんどつけなく

なりました。親がどうしても観たいテレビ番組は録画をして、子どもを寝かしつけたあとに観ていました。

最初は会話中心、英語が堪能になったらニュースを流す

流す音源は、必ず英語オンリーのものを。日本語が入っているものはNGです。

年齢、英語の習熟度によって、段階的に聞くものを変えていくといいと思います。息子の場合、3〜4歳は会話が多いアニメなど。5歳ごろは本の朗読や、アニメより自然な会話に近い実写版の映画。英語が堪能になってからはBBCのニュースを録音して流していました。

第一段階　英語の幼児向けテレビ番組、アニメ

第二段階　アニメに加えて、児童書の朗読、実写版映画

第三段階　英語のニュース

ニュースをかけ流したのは、ストーリーのあるものだと、音に集中して食事の手

が止まるようになったから。お堅いニュースだと、そこまで気にはならないようです。

かけ流しを実践していたのは、**小学2年生くらいまで**でしょうか。**英語のリズムや正しい発音をしみ込ませる**には、うってつけのやり方だと思っています。

なにより、親がやることは、音源を準備することとプレーヤーの再生ボタンを押すだけですから！　いまはiTunesやYouTubeでさまざまなものがダウンロードできますから、息子のころよりもっと手軽にできると思いますよ。

成功メソッド
1

まとめ

- あくまで生活音としてかけ流す
- 1日2～3時間を目安に、無理のない範囲で実践する
- 音源は英語のみ。日本語がまじるものは絶対だめ

成功メソッド 2

2歳〜

読書好き

好奇心旺盛

100万語を目標に英語絵本を多読

寝る前の絵本タイム。5歳のころは、すべて音読。親が無理にさせていたわけではなく、自分で、読みたいものをいっぱい布団に持ってきて声を出して読んでいました。

本が大好きな子にうってつけ！　楽しく多読

多読とは、**文章を分析しないで大意を把握する読書法**です。

SSS英語多読研究会（Start with Simple Stories）によれば、多読のコツは「楽しくスラスラ読む」こと。①辞書は引かず（引けなくてもわかる本を選ぶ）、②わからないところは飛ばしてOK（わかっているところをつなげて読む）、③つまらなくなったらやめるのがポイントです。

息子は読むことが得意で本が大好き。すでに英語絵本の読み聞かせは始めていて、私が読んだ本を自分で声に出して読んでいたので（覚えていただけかもしれませんが）、息子に合ってるのでは!?　と思い、3歳3カ月ごろから英語育児にとり入れることにしました。

結果的に、私が実践した英語育児の中で最も有効だったのは、この多読でした。

もともと本が大好きで、英語・日本語に限らず「読む」習慣があるからかもしれませんが、読むだけでかってに語彙力がついてきた感じ。語彙量がふえ、読むスピードも速くなったので、英検やTOEICの試験でもとても役に立ちました。

語数カウントでモチベーションアップ

多読を紹介するサイトに「目指せ100万語!」とあったので、読んだ本の記録といっしょに、語数もカウントすることにしました。ちなみにそのサイトによると、**100万語を達成すれば、基本語彙600〜1200レベル**になるそうです。

本の語数を数えるなんてたいへんじゃない!? どうやってカウントするの? とよく聞かれますが、最初は1ページに1文しかないような絵本でしたから、自分で簡単に数えられました。文字の多い本を読むころには、「1ページあたり○○語くらいだから、全○○ページで○○○語だな」という感じで、カウントのコツもつかめてきます。あまりにも語数の多い本はインターネットで調べることもありました。

いずれにせよ、**だいたいの語数だけわかればいい**んです。カウントして記録することで、今週は1000語読んだ! 今月は10万語いった! と、**読む力の成長を数字で見ることができてよかった**です。

ちなみに、数えるのは、息子が自分で読んだ本だけ。読み聞かせしたものは数え

絵本＆リーダー

息子が大好きだった絵本やリーダー。Maisy シリーズは1冊あたり約100語にそろっているので使いやすい。右から2冊目は、おすすめのリーダー I Can Read! のレベル1。語数は278。

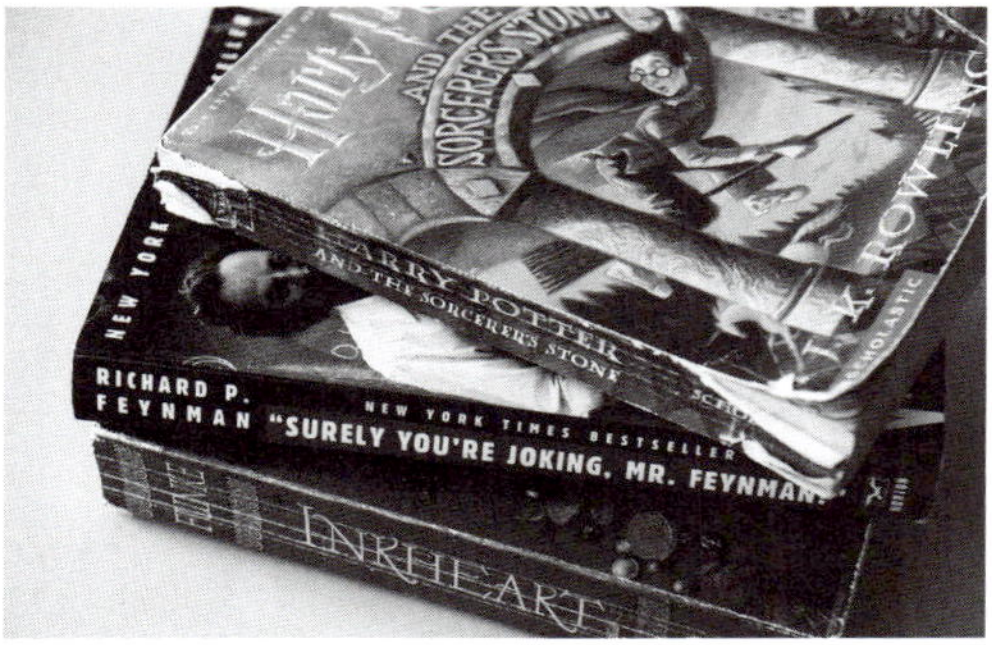

ペーパーバック

6歳で100万語を達成しました。そのころにはこんなペーパーバックも読めるように！「ハリー・ポッター」シリーズは、1冊あたり8万語以上。上から2冊目は、小学生になってから好きになったノーベル物理学賞を受賞した科学者のエッセイ集。

本棚はリビングに

どんどんふえていく本は、いつでもすぐに手にとれるよう、リビングに本棚を増設して収納。学習机もリビングにありましたがほとんど使わず、ダイニングテーブルで。子ども部屋は遊びやすさ重視。ゲーム専用TVも設置していました。

ません。1日に同じ本を何度読んでも、カウントは1回分。違う日に読んだらカウント。マイルールを決めておくと、カウントもしやすくなると思います。

息子は、カウント開始から**2年10カ月で100万語を達成。**その**10カ月後には300万語を超えました。**

3歳　4万3901語（50〜200語を1日0〜5冊）

4歳　17万3834語（100〜300語を1日0〜5冊）

5歳　57万306語（500〜1000語を1日0〜5冊）

6歳　222万2953語（500〜8000語を1日0〜3冊）

まずは簡単な絵本から。次はリーダーがおすすめ

多読は、楽しんで読まなくては続かないので、親が「これを読みなさい！」と強制してはだめ。息子が好きそうな本をたくさん用意して、自分から手を伸ばすよう

な環境をつくりました。

とにかく最初は、語数の少ない簡単な絵本から。読めるようになってきたら、英米児童向けのリーダーを。英語の難易度別になっているので、そのときのレベルに合わせて選ぶことができます。1冊500円前後と、値段も手ごろです。

■3〜4歳児におすすめのリーダー

Scholastic Readers1

Step into Reading Level1

成功メソッド2

まとめ

- とにかく楽しく、好きなものを好きなように読む
- 語数のカウントでモチベーションアップ
- わが子が読みたくなるような本をたくさん用意する

成功メソッド 3

6歳〜

社交的

多少英語が話せる

オンライン英会話でアウトプットの場を確保

オンライン英会話のレッスン風景。カリキュラムがあるわけではなく、雑談をしているだけ。写真は小学校高学年のころ。当時、英語を話す機会はオンライン英会話だけでした。

小1の壁を越えるためにオンライン英会話を導入

英語のかけ流しや多読でネイティブ環境をつくり、就学前に英検準2級合格を果たした息子ですが、**小学1年生で壁にぶち当たってしまいました。**学校にいる時間や友達と遊んでいる時間はまったく英語にふれないので、みるみる英語力が衰えていったのです。それまでにインプットされた英語に対し、アウトプットの量が少ないのも原因だと思いました。

このままではマズい、と意識して英語の語りかけをふやしましたが、私では完全に能力不足。父親は英語育児にノータッチでまったくアテにならないし、外国人や帰国子女のお友達もいないし……。いまの息子にぴったりくる英会話教室も見当たらない。

そんなとき見つけたのが、**オンライン英会話レッスン**でした。無料のインターネットテレビ電話Skype（スカイプ）で、現地に住むフィリピン人の先生のレッスンを受けるというもの。いまでこそメジャーになりましたが、当時としては画期的なシステムです。1コマ25分300円前後と料金が安く、自宅でできるから移動時間もかからない！　これはやらない手はないだろうと、さっそく無料体験レッスンを申し込み、その後、中学生になるまで定期的に続けました。

先生がフィリピン人ですから、多少のなまりはあります。でも、**アウトプットの場としては最適**です。オンライン英会話がなければ、英語の会話力を維持することはむずかしかったと思います。

英語を習うのではなく、楽しくおしゃべり

オンライン英会話は、慣れるのに少し時間がかかりました。たった6歳の子が、パソコンの画面を通して知らない外国人のお兄さんお姉さんと話すのですから、当然ですよね。たいていは会話なんて成り立たず、一方的に質問されて答えるだけになってしまいます。**いろいろな先生のレッスンを受け、**息子と気の合う先生を見つけました。

先生は一人に決めてしまうと言い回しが偏りそうだったので、楽しく**おしゃべりする先生**と**ワークブックを見ていただく先生**で分けてお願いしました。ワークの先生も〝お勉強〟という感じではなく、会話しながら楽しく受講していましたね。

最初は週1コマ（25分）、慣れてきたら徐々にふやし、最大で**週に4コマ**受講しました。まとめて長時間ではなく、**1日1コマ。**こまめにやるほうが会話力はつくと思います。小学校高学年でも平均で**週に3コマ、**中学に入ってからも時間があれば続けていました。

正直、最初からオンライン英会話だけで英語力をつけるのはむずかしいと思います。**あくまで英語力、会話力の維持、アウトプットとして活用することをおすすめします。**

成功メソッド 3

まとめ

- 気の合う先生を、納得いくまで探す
- おしゃべりとワークで先生を分ける
- 1回に長時間ではなく、こまめに受講

息子の輪くんにQ&A

Q 英語が話せてよかったことは？

A 英語の“勉強”をしなくてもいいこと

中高時代の定期テストや受験では、英語で点数を稼げたのでよかったです（笑）。またふだんは英語の勉強をする必要がなかったので、その分ほかのことに時間を使えたことがよかったと思います。大学では英語で討論をしたり、英語で論文を書いたりする授業があるので、英語が話せて書けることはほんとうにありがたいです。

Q 英語学習でつらかったことは？

A 英語でつらかったことはないけれど……

英語も日本語も同じ感覚で、特に英語を“学習”したことがないので、つらかったこともありません。ですが、大学でフランス語を履修しているいま、勉強の仕方がまったくわからず困っています。語学を勉強としてとらえることができないようです。定冠詞とか所有形容詞とか、文法の用語もちんぷんかんぷんです（笑）。

Q 将来、英語をどのように生かしたいですか？

A 物理を学ぶツールとして生かしていきたい

僕は物理分野で東京大学の推薦入試に合格しました。将来も物理の道に進みたいと思っていますので、物理を学ぶツールとして英語を生かしていければと思います。具体的には、論文を書いたり、海外で研究する機会を得たりしたときに、英語力が役に立てばうれしいです。

物理オリンピックで日本代表に！

高校で「全国物理コンテスト」の銀賞受賞。3年生のときは、国際物理オリンピック日本代表として派遣された輪くん。その功績が評価され、超難関といわれる東京大学推薦合格を勝ちとりました！

Q これから英語を学ぶ子にアドバイスを！

A 好きなことをやるために英語を生かしてください

英語を学ぶという視点を持ったことがないので、アドバイスはむずかしいですが……。英語は目的ではなく手段だと思いますので、英語力をつけて何をしたいかを考えられるようになればいいのかな、と。英語が話せるだけでは、ネイティブの人にはかないませんし。好きなことに英語を生かしてほしいです。

Q 東大合格に英語は役立ちましたか？

A 大きなアピール材料になり、時間も有効に使えました

東京大学の入試は物理分野で推薦をいただいたのですが、英語力も大きなアピール材料になりますので、とても役立ったと思います。また、英語の受験勉強をする必要がまったくなかったので、ほかの科目に集中でき、そういう意味でも英語力があってよかったと思います。

Dear mom

お母さんへ

あらためて、いままで育ててくれてありがとう。当然すぎて言葉にしたことがなかったけれど、ずっと感謝しています。たくさんのことを与えてくれても、けっして厳しくしなかった。僕がやりたいことをやらせてくれたことにもとても感謝しています。

ありがとう。

輪

case
4

動画での英語耳育成で ムリなく、ムダなく “18歳でバイリンガル”に！

金城学院大学教授・おやこえいごくらぶ代表

小田せつこさん

Setsuko Oda ● 1962年、兵庫県生まれ。東京女子大学文理学部英米文学科卒業。3年次に全額奨学金にて、米国に1年間の留学。大学4年の夏に結婚し、卒業後は家庭に入るが、子ども2人の小学校入学を機に大学院に進学。中学、高校、専門学校、大学で教鞭をとる。現在、金城学院大学人間科学部現代子ども教育学科教授として、中学校、小学校で英語教育を志す学生を指導中。0歳からの英語教室「おやこえいごくらぶ」も主宰。

成功メソッドはこれ

成功メソッド 1

赤ちゃん期は歌や絵本で生活に英語を織りまぜていく

成功メソッド 2

幼児期は英語の動画で大量インプット

成功メソッド 3

小学校高学年〜中学生は教科書の英語を精聴&耳コピ発音

どんな家庭でも挑戦しやすいバイリンガル子育てをめざして

ミュージシャンの父の影響で、幼いときから洋楽を聴いて育ちました。英語の音に興味があって、よく発音をまねたりしていたものです。ただ、英語を学び始めたのは、中学に入学してから。すぐに英語の楽しさに魅せられ、それ以来、英語学習に膨大な時間を割いてきました。大学2年生のときには英検1級を取得し、3年生のときにはアメリカに留学。「英語オタク」といってもいいほどの情熱で勉強をしていた私でも、当時はまだ現地でのコミュニケーションに苦労する場面も多かったことを思い出します。

こうした経験から、**娘と息子を授かったとき、この子たちに英語という手段をプレゼントしたい、**と強く決意したのです。

よく「英語は手段にすぎない、英語を使って何をするかがたいせつ」と耳にします。私も確かにそのとおりだと思います。でも、私にとって、英語は手段以上のもの。英語がなければ訪れなかったであろう多くの出会いに恵まれ、英語教育は人生をかける仕事となりました。英語に手段以上の価値を感じてのめり込なければ、中

愛子が2歳のとき、わが家のリビングでのひとこま。大好きなミニーちゃんが登場する番組を観ながら、歌に合わせてダンス！　お気に入りのミニーちゃんのワンピースを着て、ごきげんです。

学で初めて英語に出合った私が自由に英語を使いこなせるまでにはなっていないでしょう。英語を習得するまでに費やした時間も苦労も、私にとってはたいせつなものです。

けれど、娘や息子には、**人生を豊かにするための一つの手段**として英語を身につけてほしい。そのためには、幼いときから**自然に英語とふれ合う環境が不可欠**です。でも、どうやってその環境をつくる？　どんな方法で英語にふれさせる？

たとえば家庭でのコミュニケーションをすべて英語にし、インターナショナルスクールに通わせ、英語を中心にした生活環境をつくれば、きっとバイリンガルに育てることは可能でしょう。けれど、それを本気で実現しようとすれば気の遠くなるような労力とお金が必要になります。**パパ、ママにも自分の人生があります。**子どもをバイリンガルにするためにすべてをなげうつような生活は、私がめざすものではありません。だったら、英語が苦手でもトライできるようなメソッドを確立したらどうだろう？　私は、ムリなく、ムダなくできるバイリンガル子育てをしよう！

そして決めたのが、**私自身はいっさい英語を教えない、**というルールです。わが子2人で、バイリンガル子育ての実験をすることにしたのです。目標は**「18歳で、**

英語で日常的なコミュニケーションができるレベルの英語力を身につけさせること」。さあ、実験スタートです！

自然な英語を浴びることで、英語耳を育てる

私が実践したバイリンガル子育ての方法は、とてもシンプル！　1歳半までは、英語の歌や絵本など、親子のふれ合いのなかに英語を織りまぜていきます。1歳半から、本格的なバイリンガル子育てのスタートです。といっても、むずかしいことはありません。やったことは、**英語の動画を観せること。**「Sesame Street」や「Wee Sing」などの幼児番組は、わが家の子どもたちも喜んで観たお気に入りです。

幼稚園に入るまでの1日はこんな感じ。朝、起きて着がえをしたら、朝ごはん。BGMは英語のCDです。その後は、近所の公園に出かけてたっぷり遊びます。もちろん、親子の会話はすべて日本語です。2時間も遊べば、もうお昼の時間。家に帰ってお昼を食べたら、英語の動画タイムです。20分から30分程度の番組を親子でいっしょに楽しみます。お昼寝のあとにおやつを食べて、動画タイム。私が夕食の準備をしているときにも、子どもたちは英語の動画を観ています。そして、夜寝る

英雄、年中さん。旅行で訪れたニュージーランドで、姉の愛子とともに現地の小学校に体験入学。あっという間になじみ、クラスのお友達と楽しそうに会話する姿が印象的でした。

前には絵本の読み聞かせです。毎晩10冊くらいの絵本を読んでいましたが、そのうち4～5冊は英語の絵本にしていました。

1日あたりの**英語動画の視聴時間はトータルで2時間**ほど。ママが家事をしているとき、食事後、静かに過ごしたいときなどに動画タイムを設定することで、ムリなく英語にふれる時間を確保していました。子どもの耳は柔軟で、語学習得の能力も大人よりずっと高いもの。動画ならキャラクターが動いたり、踊ったりしているのを観るだけでも楽しめますし、しばらくすれば自然と意味を理解し、ストーリーも味わうことができるようになります。

このようにして、**幼稚園までは日本の幼児番組はいっさい見せず、「テレビは全部英語」を徹底**しました。英語教育用に作られた教材ではなく、英語圏の子どもたちもふつうに楽しんでいる動画を通して大量の英語をインプットし続けたのです。

私が心がけたのは、**毎日欠かさず動画を観せる**ことだけ。英語をしゃべるように促したり、英語のフレーズを復唱させたりするようなことは、いっさいしていません。**英語の上達度を試すようなことをすれば、たちまち英語が「勉強」になってしまいます。**そうではなく、英語は日本語と同じく「言語」である、ということを理

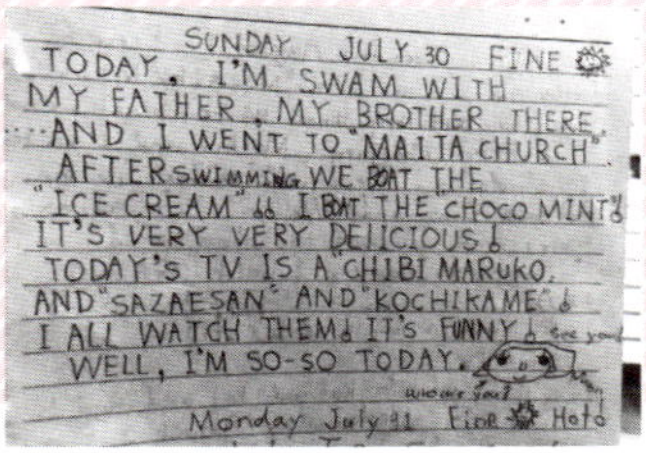
SUNDAY JULY 30 FINE
TODAY, I'M SWAM WITH
MY FATHER, MY BROTHER THERE.
AND I WENT TO "MAITA CHURCH".
AFTER SWIMMING WE BOAT THE
"ICE CREAM"!! I BOAT THE "CHOCO MINT"!
IT'S VERY VERY DELICIOUS!
TODAY'S TV IS A "CHIBI MARUKO,
AND "SAZAESAN" AND "KOCHIKAME"!
I ALL WATCH THEM! IT'S FUNNY! see you!
WELL, I'M SO-SO TODAY.
Monday July 31 Fine Hoto

愛子、中学1年生のときの日記。英語の授業で「英語を書く」ことに目覚めたよう。しばらくの間、1日の出来事を英語で書く、英語日記をつけていました。

解してほしかったのです。それに、しっかりとインプットを重ねていけば、いずれ自然と英語が口をついて出るようになる、と信じていました。

インプットが十分なら、アウトプットはついてくる！

娘が2年生、息子が年中さんの年に、家族でニュージーランドへ旅行しました。この旅のなかで、バイリンガル子育ての成果を実感させてくれる印象的な場面がありました。ファストフード店に入ったときのことです。息子がトコトコとプレイコーナーに歩いていくと、遊んでいる子どもたちに「Hi, friends!」と声をかけたのです。その発音、抑揚のつけ方があまりにも完璧で、私のほうがびっくり！　良質な英語のコンテンツで「英語耳」を育ててきたことが、同時に**英語を話すアウトプットの土台**にもつながっていた。インプットの重要性をあらためて再確認させてくれた、忘れられない思い出です。娘も息子も小学校高学年、中学生のときに、ホームステイを体験。高校、大学は、海外に進学しました。留学までに英語耳ができていたから、現地に行って**数カ月で「読む」「書く」「話す」ことにも不自由しなかったそう。**現在、娘は英語教育の研究を、息子はグローバル企業で働いています。

小田さんの
バイリンガル育児年表

愛子 英雄 0歳	英語の手遊び歌、絵本で親子コミュニケーション
愛子 英雄 1歳6カ月〜	英語の幼児番組の視聴をスタート
愛子 英雄 3歳ごろ〜	英語の1話完結アニメを見せる
愛子 英雄 6歳ごろ〜	長編アニメや映画などを英語で視聴。日本語のテレビは1時間、英語の番組なら時間制限なしのルールに
愛子 9歳 英雄 5歳	旅行先のニュージーランドの小学校に体験入学。現地の子どもたちとのコミュニケーションも楽しそうで、あっという間になじんだ
愛子 11歳	初めての１人海外ホームステイ！
愛子 英雄 12歳〜	英語の教科書を音読、発音の練習をする
英雄 13歳	夏休み、初めてのホームステイでアメリカへ
英雄 14歳	夏休みにシンガポールの語学学校へ
愛子 現在	アメリカ、イギリスへの留学をへて、日本の大学院で英語教育をテーマに研究
英雄 現在	公認会計士の資格を取得。日常的に英語を使う外資系企業で活躍中

成功メソッド 1

0歳～

好奇心旺盛

赤ちゃん期は歌や絵本で生活に英語を織りまぜていく

かこさとしさんの名作絵本『だるまちゃんとかみなりちゃん』の英訳作品（右）。子どもたちも大好きでよく読み聞かせをした思い出の1冊です。すばらしい作品は、日本語でも英語でも味わい深いですね。

英語は思い立ったその日が一番の始めどき

「英語を始めるなら、何歳くらいからがベストですか？」という質問をよく受けます。私の答えは決まって「いますぐ始めてください」。0歳でも1歳でも2歳でも、あるいは幼稚園、小学校からでも、**思い立ったその日が一番の始めどき**です。

ただ、早いに越したことはありません。できることなら0歳のうちからバイリンガル子育てをスタートできれば理想的。私が主宰する「おやこえいごくらぶ」では、4カ月の赤ちゃんから受け入れています。

「まだ日本語のおしゃべりもできないのに、英語なんて早すぎない？」

「赤ちゃんのうちに英語教育を始めたら、日本語の上達に遅れが出そうで心配」

こんな声もよく耳にしますが、ご安心を。**赤ちゃんは語学の天才**です。ワシントン大学の神経科学者、パトリシア・クール博士は、「生まれたてのベビーは、6～8カ月の時点では、どんな言語の音も聞きとることができる。しかしこの時期を過ぎると、ベビーはその能力を失って、自分の周りで話される言語の音を吸収するようになる」と言っています。そして、赤ちゃん時代から少しでも外国語で遊ぶ時間を持ち続ければ、その聞きとり能力を失わずにすむ、という報告もしています。

これは私自身、2人の子どもの子育てで実感していること。中学で英語に目覚めて以来、私は英語を聞きまくり、TOEICでも満点をとれるリスニング力を身につけてきました。それでも、やはり英語を聞くときには「英語を聞くぞ！」と切りかえる感覚があります。洋画やドラマを観るときには、内容によっては字幕がほしい、と思うことも。けれど、子どもたちは、**どんな内容でもスピードでも、まったく問題なく聞きとることができる。**幼少期から英語を耳にしてきたことのたまものでしょう。

赤ちゃんのうちから英語にふれることで、日本語の発達が阻害される、というのもナンセンス。日本で育ち、両親ともに日本語を話すのがあたりまえの家で育つ赤ちゃんならば、ちょっとくらい英語にふれたからといって日本語が話せなくなるようなことは起こりません。

あらゆる言語に対して柔軟で、習得力の高い赤ちゃん時代。この時期から英語にふれさせてあげれば、子どもは**英語に抵抗感を持つことなく受け入れていきます。**親にとっても子どもにとっても負担が少なく、そして習熟のスピードも速いのが、

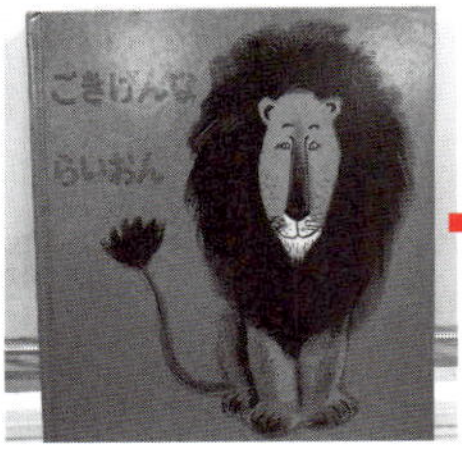

私の子育て時代は、洋書絵本は非常に高価でした。そこで考えたのが、日本語の絵本のリメイク。図書館で借りた英語絵本を見ながら文字の部分をワープロで書き写し、日本語絵本にはりつけて。

赤ちゃん時代から英語にふれ合う大きなメリットです。

ふれ合い遊びや絵本、スキンシップに英語をとり入れる

0歳から1歳半ごろまでの赤ちゃんには、パパ、ママ、周囲の人との直接のコミュニケーションがたいせつです。テレビやタブレットからの情報ではなく、大好きなパパ、ママからの**語りかけやスキンシップで、赤ちゃんは言葉をインプット**していくのです。

わが家でも基本の語りかけは、日本語でした。英語は、ベビーマッサージをするときやおむつがえ、体を使った遊びをするときにとり入れる程度。手遊び歌の英語バージョンを遊びのなかの1曲にしたり、英語の絵本を読んであげたり、親子のふれ合いのなかに**ときどき英語を織りまぜて**いきました。

パパ、ママが英語に自信がなくても、大丈夫。YouTubeを開けば、英語絵本の読み聞かせ動画、手遊び歌の動画がたくさんあります。それらをお手本に練習すれば、誰でもチャレンジできるはず！　いろいろな種類を覚える必要はありません。

赤ちゃんは繰り返しが大好き。わが家の子どもたちも、毎晩飽きずに「これ、読ん

で－」とお気に入りの英語絵本を持ってきたものです。

簡単なフレーズでいいから、心を込めて

英語で話しかけることに気をとられ、ママの表情がかたくなってしまったり、赤ちゃんの様子に意識が向かないようでは本末転倒。私は、英語であっても日本語であっても、**わが子の目を見ながら心を込めて話すことをたいせつに**していました。

ベビーマッサージやおむつがえのときに赤ちゃんの足を持って"Walking, walking"と歩くように動かしてあげたり、ベビーマッサージのときに"Up and down, up and down"とママの手の動きに合わせて声をかけたりすると、赤ちゃんも喜んでニコニコ。手足をよく動かすようになったら"Clap your hands"の歌とともに手をたたいたりして遊ぶのも楽しいものです。**手足の動きと言葉が一致するような手遊び歌**は、赤ちゃんの発達にとっても大事な役割を果たします。

また、赤ちゃん時代に読み聞かせする絵本は、**ストーリーよりも色や手ざわりを楽しむもの**を選んでいました。単語や簡単なフレーズだけの絵本を、何度も繰り返し読んだものです。布絵本や音が出る絵本なども人気が高いですね。

1歳を過ぎるころになると、子どもが自分で絵本を持ってきて「読んで」とせがむようになりました。わが家では毎晩10冊くらい読むなかで、**4～5冊を英語の絵本に**していました。英語が得意なママはどんどん読んであげるといいですね。**ただ、苦手意識があるなら、無理してたくさん読む必要はありません。**ママが自信を持って、気持ちを込めて読んであげることのほうがたいせつ。赤ちゃん時代からの英語は、ママ、パパにとっても準備期間。お子さんを私の教室に通わせているパパ、ママには「英語への抵抗感がなくなった」というかたもいますよ。

成功メソッド 1

まとめ

- スキンシップのときに、英語の手遊び歌をプラス
- 色や手ざわりが楽しい英語絵本を読み聞かせ
- 日本語の語りかけと同じように、心を込めて

成功メソッド 2

1歳6カ月〜

どんな子も!

幼児期は英語の動画で大量インプット

ディズニーの『SING ALONG SONGS』は一緒に歌うビデオ。子どもたちが大好きだったので、よくかけて踊って歌っていました。

幼児期の英語は、インプットオンリーでOK！

生まれたばかりの赤ちゃんがおしゃべりを始めるまでを思い起こしてみてください。「おなかすいたかな？」「おむつかえようね」「お散歩に行こう！」「おふろって気持ちいいね」。まだ言葉の意味もわからないうちから、ママ、パパは赤ちゃんにひっきりなしに話しかけていますね。シャワーのように言葉を浴び続けるインプット期間があって、ようやく赤ちゃんは一言、二言と言葉を話し始めます。

このプロセスは英語でも同じ。大量の、そして質のよいインプットがあってこそ、「話す」「書く」といったアウトプットができるようになります。**「乳幼児期は、ひたすらインプットオンリー」**が、私がわが子に実践してきたバイリンガル子育ての最大のメソッドです。

特に**1歳半ごろから幼稚園入園のころまでは、英語耳育成の黄金期**です。英語の音に対して柔軟で、言語習得の能力も高いこの時期のインプットは、将来にわたる英語力の確固たる土台になるもの。乳幼児期から英語をあたりまえに耳にできる環境をつくれば、子どもは英語への抵抗感を持つことなく、自然に吸収していきます。

テレビや動画視聴は、すべて英語に

わが家では、**子どもに観せるテレビ、動画はすべて英語のコンテンツに**していました。これさえできれば、英語習得における問題のほとんどは解決するのではないか、と私は考えています。

私自身、2人の子どもの子育て時代を振り返っても、「動画は英語で観る」ことを徹底した以外は何もしていない、というくらい（笑）。私は英語教師ですから、自分で英語を教えようとすればそれもできたと思います。けれど、それでは「誰もがまねできるバイリンガル育児」にはならないだろう、と考えたのです。赤ちゃん時代からの習慣である「寝る前の英語絵本の読み聞かせ」は続けていましたが、それ以外には私が英語でアプローチすることはいっさいしませんでした。

さて、「動画を観せるだけ」といっても、やはりそれなりの強い意志は必要でした。**夫婦で「子どもに観せるのは英語の番組だけ」と話し合っておく必要がありました。** ママが英語の番組を観せようとしても、横からパパが「日本語の番組を観せないなんてかわいそうじゃないか」「英語はよくわからないから、日本語のテレビに変えてよ」と口出ししてきたら、子どもたちだって「英語より日本語のほうがいい！」となってしまうのは当然です。

そして、質のよいコンテンツを選び、親がチャンネル権を握っておくこともたいせつです。私の子育て時代は、アメリカに行くたびに幼児番組や子ども向けアニメのDVDを買い込んでいたものですが、いまはYouTubeというありがたいサービスがあります。良質な英語コンテンツが豊富にそろっているうえに、無料で視聴できるなんて、これを活用しない手はありません。

動画のよいところは、英語が聞きとれなくても、キャラクターの動きや表情などからストーリーの流れをつかめること。画面のなかで繰り広げられる楽しい雰囲気、ワクワクする物語を感じながら、子ども自身が興味を持って観ることができるのは、目と耳の両方から情報をとり入れられる動画ならでは、です。

また、幼児番組の英語は、英語圏の子どもたちも日常的に見ている自然な会話です。**繰り返し見るなかで、子どもたちは「英語は言語である」ということをすっと理解していきました。**「勉強するべき科目」として英語と出合うのとは大きな違いでした。

小田さんおすすめ！

年齢別の動画セレクション

1歳半〜3歳

リアルな人間、できれば子どもたちが登場する幼児番組がおすすめ。

YouTube チャンネル

Sesame Street
テレビ版同様にドラマや歌を楽しめます。エルモのシリーズは2〜3歳にぴったり。

Hi-5
オーストラリアの幼児番組。お兄さん、お姉さんによる歌やダンスが大人気！

Barney and Friends
紫色の恐竜バーニーと子どもたちが遊んだり、歌ったりするアメリカの幼児番組。

Blippi
きのこ帽子をかぶったおじさんブリッピーが歌って踊る、教育動画チャンネル。

Cocomelon-Nursery Rhymes
アメリカの子ども向け童謡チャンネル。歌いながら、英語のフレーズを覚えられる。

Bedtime Stories
誰もが知っている童話を英語で楽しめるチャンネル。日本のアニメに近い雰囲気。

3歳〜

シリーズものよりも、繰り返し観られる1話完結のアニメや子ども向けの映画が◎。

YouTube チャンネル

Pinkfong! Kids' Songs & Stories
オリジナルの歌やお話のある、知育童謡チャンネル。幼児から小学校低学年向け。

Bananas In Pyjamas
パジャマを着たバナナ2人と動物たちのアニメストーリー。1話12分程度。

Peppa Pig-Official Channel
ブタの女の子・ペッパとその一家の日常を描いた、イギリスの人気プリスクールアニメ。

Caillou
カナダの幼児向けアニメシリーズ。4歳の男の子・"カイユー"の楽しい日々を描く。

テレビ

きかんしゃトーマス
NHK E テレで放送。リモコンの「音声切替」「字幕」ボタンで英語に切りかえて視聴を。

ちいさなプリンセス　ソフィア
BS 対応アンテナがあれば無料で観られる BS Dlife で放送中の人気アニメ。

Netflix

ことばのパーティ
4匹の動物の赤ちゃんたちが遊びながら言葉を覚えていく、幼児向け教育番組。

ロボカーポリー
変形できる車たちのハートフルな日常を描く韓国発のアニメ。交通安全の学習にも。

※2019年12月現在の情報です
※『子どもの未来を広げる「おやこえいご」』(プチ・レトル)参照

小学校低学年～

DVDは、Amazon.com（アメリカのアマゾン）でのまとめ買いがお得。

YouTube チャンネル

Fairy Tales and Stories for Kids

誰もが知っているさまざまな童話が、わかりやすい英語に訳されている。

PJ Masks Official

絵本が原作のフルCGアニメ。昼は小学生、夜は町を守るヒーローとなる3人組が活躍。

Dinosaur Train Official

恐竜たちが蒸気機関車に乗って冒険するアニメ。古生物学者による恐竜講座も。

DVD

ポケットモンスター

世界的に大人気のアニメ。映画作品はほとんど英語版のDVDが発売されている。

となりのトトロ

英語タイトルは「My Neighbor Totoro」。大人から子どもまで楽しめるジブリ作品。

Netflix

スポンジ・ボブ

アメリカの子ども向けアニメの代表格。ボブと仲間たちのハイテンションな毎日！

ボス・ベイビー：ビジネスは赤ちゃんにおまかせ！

映画「ボス・ベイビー」のスピンオフアニメ。見た目は赤ちゃん、中身はエリートビジネスマン！

ヒルダの冒険

2019年アニー賞で三冠に輝いた、イギリス発のNetflixオリジナルファンタジーアニメ。

マジック・スクール・バス：リターンズ

1994年に放映された同作品のフルCGリメイク版。自然科学を楽しく学べる。

スーパーモンスターズ

有名モンスターを親に持つ、ちびっこモンスターの物語。大人も楽しめる質の高い作品。

小学校高学年～

長編映画やアニメなどから、興味・関心に応じたものを選びましょう。

Netflix

トロールハンターズ：アルカディア物語

トロールハンターに選ばれた少年たちの数奇な運命を描いたSFファンタジーアニメ。

ソニックトゥーン

日本の人気ゲームシリーズのCGアニメ版。ソニックと仲間たちの友情と戦いに夢中に。

DVD

ドラゴンボール

世界中に熱狂的なファンがいるドラゴンボール。シリーズも豊富で飽きずに観られます。

魔女の宅急便

ジブリ作品のほとんどは英語版DVDが発売されているので、気に入った作品を選んで。

年齢&子どもの興味に応じた番組を選んで

当然のことですが、子どもに「英語をたくさんインプットしよう！」「絶対英語ができるようになるんだ」なんていう意識はありません。おもしろいから見る、見たいから見る。それが、同時に英語のインプットになる。**子どもが夢中になれるコンテンツ選びこそ、動画の視聴を続けていくためのキモ、だと感じました。**

とはいっても、動画サイト上の膨大なコンテンツのなかから、わが子に合うプログラムを見つけ出すのはむずかしい、と心配されるかたもいるかもしれません。ここで、大まかな年齢別に、動画選びのポイントをお伝えします。

まず、1歳半から3歳くらいまでは、**アニメよりもリアルな人間が登場する幼児番組**がおすすめです。NHK Eテレの長寿番組、「おかあさんといっしょ」をイメージするとわかりやすいです。ママ、パパも子どもといっしょに動画を観て、音楽に合わせて手をたたいたり、リズムをとったり、親子でコミュニケーションをとりながら見ることを心がけましょう。

子どもが楽しく見られる動画が見つかったら、**何度でも繰り返し見せましょう。**

会話もあって、歌があって…の Wee Sing シリーズ。CD をかけ流しに使ったり、ビデオを見たりと、よく使いました。登場人物の服装など、いま見ると、時代を感じます。もう古くさいかな（笑）。

新しい動画を探して、必死に検索する必要はありません。絵本でもそうですが、子どもは気に入ったものを繰り返し読んでほしがりますよね。「繰り返し」は、言語習得の観点からも、また子どもの発達の観点からもたいせつなポイントです。

3歳を過ぎたあたりからは、**幼児向けのアニメ**もおすすめです。ただし、次々にストーリーが展開するシリーズものより、1話完結のものやディズニーやジブリなどの映画を選ぶようにしましょう。新しいものをどんどん観るより、同じものを何度も繰り返して見ることのほうが効果的な時期です。

年齢が上がってきて、1話完結の子ども向けアニメではもの足りなくなってきたら、**シリーズもののアニメ**を解禁したり、**興味を持ちそうなDVD**を探してみたりするのもいいでしょう。「名探偵コナン」や「ワンピース」など、人気作品の英語バージョンも販売されています。小学校中学年にもなれば、一般的な洋画も字幕なしで観られるようになりますが、できれば**アニメやディズニー映画**がおすすめ。一般作品には、スラングなどもたくさん含まれています。成長するにつれ、子どもたちは忙しくなり、動画の視聴時間も限られてきます。貴重な時間を、スラングのインプットにあてる必要はない、と私は思います。

自主性を尊重しながら、上手にコントロール

幼稚園に入るころまでは、言語の習得がめざましい時期。さらに、「テレビは英語だけ」を徹底しやすい時期でもあります。**生活リズムのなかに英語動画を見る時間を組み込みましょう。**スマホやタブレットを渡して「好きに見てね」ではなく、親が見せたい番組をセレクトし、**動画視聴の主導権を握る**ことも大事です。

大きくなってくると、お友達との会話から「日本の番組も見たい！」と言いだす日がやってきます。娘の場合は、年中さんでした。「お母さん、セーラームーンって日本語でもやってるんだって！」って（笑）。その日からは、日本語のアニメも解禁。ここで「ウチでは、日本語のテレビは見せません！」なんて突っぱねたら、子どもたちはきっと英語嫌いになってしまったはずです。

それに、**成長するにつれ、動画視聴に割ける時間は少なくなっていきます。**学校の勉強や習い事、友達と遊ぶ時間や課外活動に打ち込む時間だってたいせつです。親が「絶対にしなさい」と言えば子どもはいやがるし、「絶対にするな」と言えば、やってみたくなるものです。

わが家では、「英語の動画ならいくらでも見ていいけれど、日本語のテレビは1時間まで」というルールを敷きました。子どもが「じゃあ英語で観よう」と自分で選ぶ環境をつくったのです。「英語の動画を観たら、おやつね」「1カ月毎日英語の動画を見たら、お小づかいアップ」というふうに、**子どもをやる気にさせるごほうびを用意**するのもいいでしょう。「えさで釣るなんて！」と眉をひそめるかたもいるかもしれませんが、**えさで釣れる時期なんてほんの一時。**子ども時代に英語をインプットする習慣を持ち続けることのメリットのほうが、どれだけ大きいことか。英語の大量インプットを続けるためには、ママのあの手この手が不可欠なのです。

成功メソッド

2

まとめ

- **1歳半からは、「テレビや動画はすべて英語」を徹底**
- **年齢に合った番組を、何度も繰り返し観せる**
- **子ども自身が「英語で観る」ことを選ぶように誘導**

成功メソッド 3

10歳〜

ある程度英語ができる

小学校高学年〜中学生は教科書の英語を精聴&耳コピ発音

「聞く」インプットのたいせつさは、10歳以降も変わらない

2020年より、小学3、4年生の「外国語活動」、小学5、6年生の「外国語科」がスタートします。5年生からは、英語が教科として扱われ、成績の対象となるわけです。授業では、英語を聞くだけでなく、英作文をしたり、読み書きをする時間がふえることでしょう。**しかし、だからといって家庭でも読み書き重視の英語にシフトするのはおすすめしません。10歳以降の子どもたちにとっても、耳からのインプットが重要であることに変わりはないのです。**

ただし、これまでのように英語の動画を見聞きするだけで自然と英語が吸収できる時期は過ぎています。10歳以降は、「動画を楽しく観る」段階から一歩進んで、**英語を意識的に聴く「精聴」と、聴いた音をまねしてみる「耳コピ発音」**をとり入れてみましょう。これまで英語にふれる機会が少なかった子でも心配いりません。小学校高学年なら、まだおかしな発音の癖もついていないし、赤ちゃんほどではないとはいえ、言語に対する柔軟性もまだまだ高い時期です。18歳でバイリンガル、という目標のために、一段ギアを上げるべき年齢だと考えています。

教科書、好きなアニメ動画で攻めのインプット

「精聴」にぴったりなのは、**英語の教科書のCD**です。わが子たちも、中学1年生ごろからCDを聞き、音読しながら発音を練習。**CDとハモれるくらいになれば、フレーズも構文も覚えてしまいますから、テストだって満点です。**幼少期から英語の動画を観て英語耳を育てていると、すぐに美しい発音で耳コピできます。

小学校高学年からのスタートでも、意欲的にとり組めば、幼少期からインプットを続けてきた子と遜色ない高いリスニング力ときれいな発音を手に入れる子もいます。**ポイントは、なんでもかんでも聴くのではなく、まずは教科書1冊、というふうに範囲をしぼること。**何度も聴き込んで「完コピ」できるほどになれば、小学5年生のうちに6年生、中学1年生とどんどん進めていってもかまいません。

教科書のCDではおもしろくない、もの足りないと感じるようになったら、好きなアニメや映画を教材にしましょう。最初はわからなくても、集中して聴き続けるうちに、**フレーズがポーンと耳に飛び込んでくる**ような感覚が生まれるはずです。「わかった！　聴きとれた！」という経験を重ねれば、しめたもの。どんどん英語

が楽しくなっていきます。

私の大学院時代の恩師で第二言語習得の権威であるオルシュタイン先生は、**「小学校高学年から集中的に学ばせることが、最も効率的に外国語を習得するための方法である」**とおっしゃっています。この時期をのがさないためには、**ママ、パパも英語に関心を持ち、子どものサポートをしてあげることです。**子どもといっしょに耳コピで発音してみたり、いっしょに英語の動画を観ようと誘ったり、家庭でのインプットの時間をつくり出すくふうや働きかけを行うことがたいせつです。

成功メソッド
3

まとめ

- 小学校高学年からは、集中的学習が大事！
- 読み書きだけでなく、「聴く」時間をしっかりと
- 教科書を繰り返し聴き、まねして「耳コピ」を

娘&息子の愛子さんと英雄さんにQ&A

Q 英語ができてよかったことは？

A 豊富なエンターテインメントを楽しめる！（英雄）

海外の映画やドラマ、舞台、YouTubeをはじめとした動画コンテンツなど、豊富なエンターテインメントをダイレクトに味わえること！ 吹きかえや字幕では、こまかいニュアンスを表現しきれない部分もあります。エンタメは人生を豊かにしてくれるもの。英語ができることによって、質の高いコンテンツにふれる機会は飛躍的にふえると思います。

Q 小さいころ英語の動画を観ることに抵抗はなかった？

A 意識することもないくらい、自然な習慣になっていました（英雄）

実は、英語の動画を見ていた、という記憶はないんです。ただ、幼稚園までは日本語のテレビ番組をいっさい観ていなかった、というのは確かだそう。「日本語」「英語」と区別する意識が生まれる前だったから、「英語だった」という特別な記憶としては残っていないのかもしれません。

Q 英語のおかげで「できること」として思い浮かぶのは？

A 学びの選択肢が無限に広がり、好奇心や探究心を満たすことができる（愛子）

英語圏はもちろん、ヨーロッパやアジアでも英語での授業を行っている学校はたくさんあります。私自身、学びたいと思ったときに、無限に広がる選択肢のなかから選ぶことができたのは幸せでした。また、無料のオンライン講座も魅力！ 日本で受講しようと思ったら高額な内容が、英語が理解できればオンライン上で学べることも少なくありません。

Q 留学先でも、英語に不自由なかった？

A 最初は「読む」のが苦手だったけれど、すぐに克服！（愛子）

リスニングや日常会話にはまったく不自由しませんでしたが、初めてアメリカに留学したときは、教科書を読むのがたいへんだった覚えがあります。「読むのはムリ！」と心が折れかけましたが、2カ月くらいたったときに、なぜか急にスラスラと読めるように。読むことに慣れる時間が必要だったのかな、と思います。

Q 英語を身につける過程でつらかったことは？

A 初めてのホームステイは不安だったけれど、結果的にすばらしい経験でした！（英雄）

アメリカに一人で行くなんて不安だし、日本で友達と遊ぶほうが楽しいし、ホームステイなんて行きたくないというのが本音でした。でも、実際行ってみると、日本ではできない経験ができた。翌年は、母とも相談し、より英語を実践的に使えるシンガポールの語学学校に。成長を実感できる、充実した時間でした。

Dear mom

大きくなってから英語を学ぼうと思ったら、たくさんの時間と高いモチベーションが必要ですよね。幼少期の大量インプットがあったから、英語を自然に身につけられたし、そのおかげで英語教育という興味深い研究分野に出合えました。将来子どもが生まれたら、私も"おやこえいご"を実践するね！

愛子

Dear mom

英語を身につけるために何かを犠牲にしたりすることなく、自然と習得できるよう導いてくれたこと、感謝しています。「ホームステイなんか行きたくない！」と言って困らせたこともあったけれど、僕自身よりも僕のことを考えてくれていたのがお母さん。英語ができる人生をありがとう！

英雄

Column 3

喜田さん流

ネイティブのママになりきり！ 3語で語りかけフレーズ

英語ができない人でも大丈夫！

バイリンガル子育てをした、というと、「お母さんがバイリンガルなんじゃないの？」と思われがちですが、とんでもない！　私は学生時代から英語が不得意で、英語育児を始めたころはほとんど話せませんでした（いまは息子につきあったおかげで英検2級に合格しましたが）。

それでも、なんとかネイティブ環境に近づけたくて、幼い息子に英語で「語りかけ」をしました。もちろん、むずかしいことは話せません。でも、家で小さい子に話すことって、簡単な内容ですよね。「歯を磨いてね」「ちょっと待ってね」「おなかすいた？」など、3語文の語りかけができれば十分なんです。

英語力のあるなしよりも、たいせつなのは、コミュニケーションツールとしての言葉を語ること。「サンキュー」などのカタカナ読みではなく、ネイティブママになりきって「テンキュウゥゥ！」と言ってくださいね。表情を豊かにすることもお忘れなく。

※喜田さんの英語子育てメソッドはベビーパークの英語育児講座になっています。
興味のある方は「ベビーパーク　英語育児」で検索してみてください。

子育て中によく使うフレーズ

Brush your teeth. >>歯を磨いて。

Wash your hands. >>手を洗ってね。

Dry your hands. >>手をふいてね。

Change your clothes. >>服を着替えて。

Say, "Thank you.". >>「ありがとう」を言おうね。

Count to ten.>>10まで数えてね。

Look at that! >>あれを見て！

Here you are. >>（ものを渡して）どうぞ。

Wait a moment. >>ちょっと待ってね。

Watch your step. >>足元に気をつけて。

It feels nice. >>気持ちがいいね。

It's cold today. >>きょうは寒いね。

Hold on tightly! >>ちゃんと持っていてね。（ブランコなど）

What's the matter? >>（元気がないときに）どうしたの？

Are you hungry? >>おなかすいた？

Are you thirsty? >>のどが渇いた？

Are you sleepy? >>眠い？

Are you full? >>おなかはいっぱい？

Is it done? >>でき上がりかな？

Aren't you cold? >>寒くない？

小田さん流

Column 4

英語へのお金のかけどきは子育ての後半戦にあり！

英語力が花開くのは小学校高学年から

私は、「18歳でバイリンガル」を目標に子育てをしてきました。私が考えるバイリンガルとは、英語で日常的なコミュニケーションができるレベル。具体的な目安とすれば18歳時点で英検準1級、就職するときに英検1級を取得できれば、将来もビジネス英語で困ることはないでしょう。

赤ちゃん時代から幼稚園、小学校と英語耳を育てるインプットを続けるのは、「18歳でバイリンガル」を実現するための種まき。種から芽が出て、ぐんと成長するのが、小学校高学年からの時期です。私は、このがんばりどきに合わせて、英語に投資ができる準備をしておくことも大事ではないか、と思っています。

小学校高学年までは、とにかくインプットに集中して英語のベースをつくります。YouTubeなら無料ですし、DVDや英語アニメの専門チャンネルなどを使っても、それほど高額にはなりません。そして、小学校高学年以降、その英語のベースを持って、コミュニケーションができる場所に送り込む。

小学校から中学校で2週間から1カ月程度の短期ホームス

テイ、高校、大学で交換留学ができればいいですね。これまでコツコツと育ててきた英語耳があれば、またたく間に話す力、書く力、読む力も伸びていきます。交換留学であれば、日本で払う学費とほぼ同額。このお得なシステムを使わない手はありません！

英語にかけるお金は、コスパ重視で計画！

ただ、将来、留学となると、やはりある程度の費用はかかります。そのときに親としてのサポートができるように、幼少期の英語にはあまりお金をかけすぎないことも大事なポイントではないか、と思います。

それに、英語を聞く力ができていないときに、親子留学、サマーキャンプなどにお金を使っても、英語の上達という点では効果は薄いでしょう。短期間のイベントでは、一時的に英語力は上がっても、すぐにまた元に戻ってしまいます。もちろん楽しい思い出として参加するならアリ！　でも、それはあくまでお楽しみであって、ほんとうにお金をかけるべきときは、もっとあとにやってくることも覚えておきたいですね。

また、幼少期に高価な教材を買うのも考えもの。幼児期のすばらしい耳があれば、あえて外国人向けに作られた教材を手にとる必要はない、と私は思います。だって、英語圏の子どもたちが当たり前に見ている幼児番組やアニメなどから、自然な英語を学ぶことができるのですから。

Column 4

海外経験で、多様な価値観と出合う場を

わが家では、長女は小学6年生のときに、長男は中学1年生のときに、夏休みにホームステイを経験させました。

なぜ海外経験をおすすめするかといえば、国際人としての経験ができるまたとないチャンスだから。そして、子ども時代におうち英語で培ってきた英語のベースがあれば、英語力が一段と飛躍するからです。わが家の子どもたちも、幼少期からの英語のインプットがあったからこそ、海外でも英語に気をとられることなく、友人の輪を広げ、勉強に打ち込むことができたのだと思います。

私が強く感じているのは、海外経験は語学を学ぶためのものではない、ということ。多様な価値観に出合い、いままでとは違う経験をすることに大きな意義があるのです。娘は「アメリカでは、アジア人でノンネイティブの自分はマイノリティ、と感じる瞬間もあった」と話していました。こうした経験こそ、日本ではできないもの。人生の糧になるものではないでしょうか。

真の海外経験をするには、英語のベースが不可欠。そのために、英語をインプットする時期、アウトプットの場をつくる時期を見きわめることがたいせつ。ムリなく、ムダなく、コスパよく！をモットーに、バイリンガル子育てを花開かせたいですね。

Part 2

バイリンガル子育て お悩みQ&A

「親が英語が苦手。どうしたらいい？」
「おうちでの英語と日本語の比率は？」
「夫が非協力的なんです」など、
バイリンガル子育て中に抱く疑問やお悩みに
4人の成功マザーがていねいにお答えします。

Q1

親自身が英語が苦手です

私自身が学生のころから英語が苦手で、子どもに上手に教える自信がありません。文法もあやふやだし、発音もいわゆるジャパニーズイングリッシュ。こんな親が教えたら、子どもの英語力が伸びないのではないかと不安で、英語子育てをやってみたいのに、なかなか一歩が踏み出せずにいます。何かいい方法があれば教えてください。（子ども3歳）

A1

英語ができなくても大丈夫です。親は裏方に徹するだけ！

（廣津留さん）

Q1 親自身が英語が苦手です

親が英語を話せるかよりも、親の情報収集力と準備力が、子どもの英語教育にはたいせつだと私は思っています。**親は裏方に徹して、必要なものを用意し、隣でほめていればいいのです。**

たとえば、その子に合った英語の絵本の音声をインターネットで探してきて、子どもといっしょに見て声に出して言ってみましょう。そのときは、「なぞり読み」（31ページ）をおすすめします。音声があれば、誰でも始めることができます。最初のうちは、やり方を示すためにいっしょにやる必要がありますが、子どもは親をまねてすぐにやり方を理解します。その後は、隣にいてにこにこ笑ってほめるだけ。子どもは自己肯定感が高まり、一人でできるようになります。

「英語が話せるようになってほしい」という親の願いが先行して、「こうやりなさい」「よそ見しないで」などと言いたくなるかもしれませんが、親は強制しないことが大事です。**強制されたり、しかられたりしたら、子どもは英語がいやなことだと思ってしまいます。**また、飽きる前にやめることも大事。途中で飽きてやめたとしても、ちょっとでもやったことをほめてあげることで、子どもは次もやってみようという気持ちになります。

Q 2

発音がきれいではありません

家庭でも英語でコミュニケーションする時間を持ちたいと思っていますが、私自身はバイリンガルではありません。親の発音がきれいではないのに、子どもに英語で語りかけをするのは、子どもの発音にとって悪影響にならないでしょうか。同じ英語教室に帰国子女のママがいて、ネイティブさながらの発音で子どもに話しかけているのを見ると、「このまま私が英語を話しかけていていいのかな」と心配になります。（子ども6歳）

A 2

発音はあとから学べます。いまは英語耳を育てるインプットを

（小田さん）

Q2◥ 発音がきれいではありません

英語は、コミュニケーションをするための言語。このことを伝えるためには、家庭で英語の語りかけをとり入れるのもいいことですね。私自身も"Hi, good morning!"とか、"Time to get up!"といった声かけはしていました。

あいさつや簡単なフレーズを織りまぜる程度なら、多少発音が悪くても気にする必要はありません。子どもはママ、パパとのおしゃべりが大好き。英語を通して、親子で心豊かな時間を過ごせたらすばらしいと思います。

また、ぜひ英会話教室には長く通い続けるとともに、おうちでも英語のアニメや子ども向け番組などを観る習慣をつけ、良質なインプットを心がけましょう。**まだ6歳ですから、これからのスタートでも英語耳はしっかり育てることができます。**英語耳が育っていれば、発音はあとから必ず上達します。お子さんの英語を聞いて「発音がおかしいかも?」と思っても、ママが直そうとしたりしないことです。たとえば「think」という単語を、子どもたちは「fink」というふうに発音することがあります。「th」と「f」って、実はとても似た音。いずれ正しい発音になります。

英語耳を育てるためには、インプット！　家庭でもインプットの時間をふやすことを意識してくださいね。

Q3

家での英語と日本語のバランスは？

来年、日本の公立小学校に進学予定です。これまで、おうちで英語のＤＶＤを見せたり、英語で語りかけをしたり、英語教室に定期的に通わせたりして、簡単な日常会話なら英語でできるようになりました。ただ、小学校に上がったら、日本語で過ごす時間が長くなり、これまで蓄積した英語力が低下していかないか不安です。だからといって、日本語や学校の宿題もおろそかにはできません。バイリンガル子育ては継続できるんでしょうか？（子ども６歳）

A3

将来、わが子にどうなってほしいのかを考えてみてください

（喜田さん）

小学生になって家にいる時間が少なくなると、当然、いままでのようにはいかなくなりますよね。**わが家にも「小1の壁」がありました。**英語のかけ流しや多読などは続けていたものの、家で英語を使うことが激減したのです。

当時は私も「せっかくの英語力が衰えてしまう!」とあせり、意識して英語を使う機会をふやしましたが、結局、「英語だけができればいいわけではない。英語を一番にしない、優先しない」という考えに至りました。ですから、**小学生時代に心がけたのは、英語の〝維持〟。**英検にも挑戦しましたが、対策などはまったくしていません。

将来、英語で生計を立てていきたいのか、ただ話せればいいのか、学校の英語の授業で困らなければいい程度なのか……。**めざすゴールが異なれば、やるべきことが大きく変わります。**

まずは、わが子にどうなってほしいのか。お子さんにとって〝英語〟がどんな位置にあるのか。それを踏まえて、親に何ができるのか。これまでの英語育児をふり返り、子どもの将来を想像しながら整理して考えれば、おのずと答えが出るのではないかと思います。

Q4

英語を始めるにはもう遅い？

子どもは小学5年生です。来年から英語が教科化されると知り、急にあせり始めました。周りのママと話していると、英会話教室に通わせたり、プリント式の英語塾に通わせたりして準備しているようです。バイリンガルまでいかなくとも、将来、英語がある程度は不自由なく使える大人になってくれるといいなあと思っているのですが、これから始めるのでは遅いのでしょうか？（子ども10歳）

A4

英語を始めるのに小学校の高学年はとてもいい時期です

（廣津留さん）

Q4 英語を始めるにはもう遅い?

幼児期から英語教育をしていないと、遅れてしまったとあせる気持ちもあるかもしれませんが、別の見方をすることもできます。**小学校高学年は、日本語もしっかりしていて、好奇心も意欲も旺盛な時期です。**自分自身で目標設定をすることもできますし、時間の管理もできるようになっています。それに、まだまだ頭もやわらかくて、どんどん吸収していくので、英語を始めるにはとてもいいタイミングです。親は子どもの資質を見て、英語学習を始めるのにどんなものだったら興味を持って進めていけるかを考え、必要なものを用意してください。それを「はい」とあげたら、あとは裏方に徹してほめるだけです。

小学校高学年は、本を読んで感想を発表するなど、英語で発言することをとり入れた学習法も効果的です。もし、まちがっていたとしても、聞かないふりをして、思いっきりほめてあげましょう。

子どもの力を信じることは、親ができる最もたいせつなことです。知識欲を高め、好奇心を育てながら見守り、ほめて、やる気を維持できるようにしてください。「できないことをしかる」のではなく、どんなに小さいことでも「できたことをほめる」ことで、やる気を出し、自分でくふうしながらどんどん伸びていきます。

Q5

英検などの英語試験はめざすべき？

小学3年生になって、周りのお友達が英検を受け始めました。私自身も学生のころに英検2級までとりましたが、その後、特に何かに役立ったわけでもなく、ほんとうにめざすべきなのか懐疑的なところがあります。英検など英語の試験のために勉強することは、将来何かの役に立つのでしょうか（子ども9歳）

A5

これからの時代、世界に出ていくためにも英語力の客観的な評価は必要

（行正さん）

Q5◥ 英検などの英語試験はめざすべき?

2020年から大学入試に英語の民間試験が採用される予定だったことで(2024年以降に延期が決定)、やはり**英検やGTECなど英語の民間試験で一定以上の成績をとることの必要性を強く感じました。**今後どうなるか確かなことはまだわかりませんが、少なくとも文部科学省の英語を強化していくという方向性に変わりはないのだと思っています。日本人が世界のビジネスマーケットで活躍していくためには、英語は必要不可欠なスキルです。英語力をはかる民間試験の結果を持っておくことは、将来的にもますます必要なことになっていくでしょう。まずは、4、5年生で5級、6年生で4級、中1、2くらいで3級、中2から中3の夏までに準2級(持っていると私立高校の入試で内申点に加点されるなどお得)、高校生になったら2級をめざすのもいいかもしれません。いずれにしても、民間試験は文法を理解して、英作文ができるレベルが求められるので、文法から逃げないことをおすすめします。

英語で仕事ができるようになるためには、英検準1級くらいのレベルをめざすといいかと思います。2級から準1級までステップアップするのには時間がかかるので、**逆算すると中学3年生までに準2級くらいをめざすといいかな、**と考えます。

Q6

子どもが英語を話そうとしません

1年ほど英会話教室に通わせていますが、うちではちっとも英語を話してくれません。英語があまり好きではないようで、教室に行くのをいやがることも。家で英語の絵本を見せても「こっちがいい」と日本語の絵本を持ってきてしまいます。私も学生時代に英語でとても苦労したので、「英語のセンスがないのは私に似ちゃったのかも」なんて悲しくなってしまいます。自分から積極的に英語を話してもらうようにするために、親としてできることはあるでしょうか。（子ども5歳）

A6

ママが英語を楽しむ姿を見せながら、インプット量をふやして

（小田さん）

Q6 子どもが英語を話そうとしません

私が主宰する英語教室では、親御さんに**「英語をしゃべらせようとしない」こと**をお願いしています。「きょうは何を習ったの？　じゃあこれはわかる？　違う違う、Appleじゃない、Orange」なんてやられたらどうですか？　毎日家でテストをされていたら、息が詰まりますよね。**子ども時代は、なによりも英語を楽しむことがたいせつです。**私の子育て経験からも、英語教室でのお子さんたちの様子からも、インプットが十分ならば必ず英語は口をついて出てくるようになる、と断言できます。ただ、週に1～2回の英会話教室だけでは、インプットは足りません。私は、YouTubeなどを活用して、英語の幼児番組、アニメなどを観せることをおすすめしています。

お子さんがすでに英語に抵抗感を持っているなら、「ママも英語を話せるようになりたいの。英語が話せると、世界中にお友達ができて楽しいよ。だから、この動画、ママといっしょに見てくれるかな？」などと声をかけるといいでしょう。子どもはママが大好きですから、最初は渋々でも隣にすわるはずです。毎日続け、少しずつ時間も伸ばしていくうちに、最後まで集中して英語で見られるようなります。英語への抵抗もなくなり、いつの間にか家でも英語を話し始めるようになるはず。

Q7

夫が英語育児に協力してくれません

これからの時代は英語ができなければ、と思い、できるだけ英語とふれ合える育児を心がけています。バイリンガル育児というほどではありませんが、英語教材を使ったり絵本を読んだり、簡単な英語での語りかけをしたりしています。私なりに努力しているのですが、夫は「こんな小さいうちからやらなくても」と言って、まったく協力してくれません。幼少期からやることに意味があると話しても聞く耳持たず。こんな状態では英語育児は無理でしょうか。（子ども3歳）

A7

夫の協力なしでも大丈夫！ 夫婦で役割分担を

（喜田さん）

Q7 夫が英語育児に協力してくれません

うちの夫も息子の英語育児にはかかわっていません。反対もしていませんでしたが、協力はいっさいなし。私が息子に英語で語りかけをしていても、夫はふつうに日本語を使っていましたし、私が見せないようにしていた日本語のテレビも平気でつけていました。夫が仕事から帰ってきたとたん、息子の英語モードは終了、という感じだったので、残念でした。もちろん腹も立ちました。

でも、いま考えれば、夫が日本語を貫き通したおかげで、息子はバイリンガルになれたのかもしれません。**夫まで私と同じことをしていたら、英語に比重がかかりすぎて、日本語がおかしくなっていたかもしれません。**「日本語をおろそかにしない」というのも、私の方針でしたので、夫の〝非協力体制〟はちょうどよかった気がします。

英語育児に協力してもらえない分、たくさん遊んでもらうとか、お父さんならではの役割を担ってもらえばいいのではないでしょうか。

協力する気のない人を説得するのは、とてもたいへんなこと。はっきりいって、時間のむだです。その時間と労力は、お子さんの英語育児のために使ったほうがいいと思いますよ（笑）。

Column 5

喜田さん流

中流家庭のわが家だって バイリンガル育児ができた！

信条は「わが家にできることを精いっぱい」

息子が小さかったころは、プリスクールにも興味があったし、帰国子女が参加するようなサマースクール（1回だけ参加したことがあります）にも行かせたかったし、毎年夏休みに海外へ、なんてこともしたかったけど、どれも高額でわが家には手が出ませんでした。

うちも、そんなに貧乏ではないと思うんですが（笑）、英語育児関連のみなさんは余裕のあるかたが多くて、同じようにはできなかったです。だからといって、バイリンガル育児をあきらめなくてはいけないなんてことはないと思います。上を見たらキリがないし、世間一般でいいとされている英語育児法だけがいいわけではない、わが家でできることを精いっぱいやるだけ。それが信条でした。

そんなわけで、うちの息子が英語で大成することは絶対にないと思っていましたので（みんなと環境が違いすぎる！）英語を一番に考えない、優先しないようにしていました。

そんな私のもとで育った息子でもバイリンガルになったので、みなさんもあきらめずにトライしてみてくださいね。

Part 3

バイリンガル子育て

専門家アドバイス

バイリンガリズムを専門とする言語学者が
バイリンガル教育のメリットや
親が気をつけたいことをアドバイス。
気になる小学校の英語教科化の要点も
くわしく解説します。

上智大学　言語教育研究センター教授

藤田 保さん

上智大学の言語教育研究センターで教鞭をとる。研究分野は、第二言語習得、応用言語学（バイリンガリズム）と外国語教育。NPO法人小学校英語指導者認定協議会（J-SHINE）専務理事。著書に『英語教師のためのワークブック』（アルク）、『小学校英語教科化への対応と実践プラン』※論文寄稿（教育開発研究所）など。

おうちでのバイリンガル教育は〝お勉強〟にならないように気をつけて

バイリンガルの定義は幅広い

バイリンガルというと、みなさんはどんな人のことを思い浮かべるでしょうか？ほとんどの人は、母語と同じくらいのレベルで外国語をペラペラと話す人を思い浮かべるのではないのでしょうか。

実は、**バイリンガルという言葉の定義は非常に広く、よくペナント型の定義**といわれます。ペナントとは細長い三角形の小旗のことです。

その細長い三角形の、頂点の狭いほうの定義のバイリンガルは、2言語を両方と

専門家アドバイス

もネイティブのように操れる人をさします。ただ、これはほぼ理想論といっていいでしょう。世の中にほとんど存在しないといわれているからです。2言語のレベルがともにかなり高くても、同じレベルということはほとんどなく、どちらかの言語が優勢のはずなのです。一方で、ペナントの三角形の底辺、幅が広いほうの定義は、少しでも外国語が使えるとバイリンガルであるという定義です。たとえば、英語で「Hello」とあいさつできれば、それでバイリンガルということになるのです。

要するに、**バイリンガルという言葉には厳密な定義がないのです。**ですから、バイリンガル教育という場合、**どのようなバイリンガルをめざすか**をきちんと定めることが重要です。外国語を使って世界中に友達をつくるバイリンガルもいますし、日本で外国人とのビジネスに英語を使うバイリンガルもいます。また、研究者としてむずかしい学術書なら読めるけど、外国人と雑談するのが苦手というバイリンガルもいる、というわけです。みなさんはお子さんにどんなバイリンガルになってほしいと思われますか？　まずはこのイメージを持つことがたいせつだと思います。

バイリンガル教育にはメリットが多い

幼少期からのバイリンガル教育には多くのメリットがあるといわれています。なかでも次の2点はさまざまなバイリンガル研究で明らかになっています。

1　柔軟な思考ができるようになる

バイリンガルとモノリンガル（1言語のみを話す人）をくらべてみると、バイリンガルの子のほうが柔軟な思考ができるといわれています。たとえば、犬を見て〝犬〟としか認識しない日本語話者よりも、犬を見て状況に応じて〝犬〟と認識したり〝dog〟と認識したりするバイリンガルのほうが、ものごとを多角的に見たり考えたりできるようになります。これを無意識に、日常的に行っているからこそ、思考が柔軟になるといわれています。

2　他者を思いやれる

バイリンガルの子どもは、相手に合わせてコミュニケーションをとることがうまくなるといわれています。自分のおかれた状況によってどちらの言語を選択するかという訓練を常日ごろから行っていることで、他者の立場に立ってものを考え、コミュニケーションをすることが得意になるのです。

幼少期からのバイリンガル教育というと、「日本語も英語も中途半端になるのではないか」と危惧する親も多いでしょう。結論からいうと、**日本でバイリンガル教育をする場合は、その心配は無用です。**日本で生活していれば、テレビから聞こえてくる言語は日本語ですし、外に行けば聞こえてくるのはほぼ日本語ばかりですよね。友達とも先生とも日本語で話します。ですから、母語としての日本語が脅かされる可能性はほぼないといっていいでしょう。もちろん、バイリンガル教育をがんばったけれど結局英語は身につかなかった、ということはあるでしょう。それでも、日本語ができれば、日本で生きていくうえで困ることはありませんよね。

早ければ早いほどいいってほんとう？

3歳までの子どもは、自分の母語と外国語を区別して認識していないといわれています。耳から聞こえてくる言語をそのまま吸収し、発話します。よく日本人が苦手と言われる英語のLとRの発音の区別も、3歳までの子どもなら耳から入ってきた音を聞き分けて発音できるのです。

ところが、3歳を過ぎたころから、いま聞こえているのは日本語だな、いま聞こえているのは外国語だな、というように区別するようになります。当然、この区別をする前の段階のほうが音を素直に吸収するので、発音や聞きとりは身につきやすいのです。バイリンガル教育が早ければ早いほどいいといわれるのは、このことをさしているのだと思います。

おうち英語のメリットって？

家庭でお父さんやお母さんが英語を教える最大のメリットは、**言語と場面が合致するシチュエーションがつくれる**ことでしょう。たとえば、ごはんを食べているときに使う英語を、実際にごはんを食べているシーンで使うことができますよね。これが英会話教室や学校だったら、場面を想定して行うしかありません。おうち英語なら、ごはんを食べるときの英語、おふろに入るときの英語、夜にベッドの中で話す英語など、言語と場面を容易に合致させることができるので、**子どもも体験や実感と言語を結びつけてスムーズに英語にふれ合うことができます。**これはおうち英

専門家アドバイス

語の最大の醍醐味ではないでしょうか。

もちろん、**お金がかからないことも大きなメリット**の一つです。高額な教材を買わなくても、動画配信サイトやYouTubeなどですぐにネイティブの話す英語にアクセスできる時代です。それらを上手に活用するのは有効です。

英語が〝お勉強〟にならないように気をつけて

家庭で英語育児を実践できる親は、教育熱心な人が多いのではないかと思います。そこで、気をつけてほしいのが、**英語の〝お勉強〟をがんばりすぎてしまうこと。**「あしたまでに単語を○個覚えなさい」「英語で新聞記事を読めるように」など知識を詰め込もうとすると、子どもの性格によっては大きな負担になります。その結果、英語が嫌いになってしまったら、英語好きに変えるのはたいへんな労力がいると思います。あくまで〝お勉強〟ではなく、**「生活のなかに気づいたら英語があった」くらいの環境をつくること**がたいせつです。リビングの本棚に日本語の絵本もあれば英語の絵本もある。テレビから日本語が聞こえることもあれば英語が聞こえることもある。そんな環境が子どものうちから自然とあるといいですね。

また、みなさんは英検などの民間試験のことも気になっているのではないでしょうか。今後、大学入試でも民間試験が利用されるようになるかもしれない、というニュースはみなさんも耳にされたことがあると思います。

最近では、小学生で英検を受ける子どもも多いと聞きますが、たとえば2級で扱われている問題は環境問題や社会問題など小学生にはかなりむずかしい内容です。ふだんから日本語で新聞を読んでいるような子どもなら、もちろんどんどん受けてもいいのですが、日本語で新聞も読まないのに英語で社会問題の記事をいくら理解しなさいといっても、それは無理だと思います。**試験の内容のレベルが子どもの発達に合っているかどうかも親がきちんと見きわめなくてはいけないところです。**

私自身の考えとしては、**小学生までは年齢に合った絵本や洋書をたくさん読むことのほうがたいせつ**なのではないかと思っています。ネイティブの子どもが実際に読むような洋書はネットで手軽に買えますし、大きな書店には専門のコーナーもあります。それらを何冊か手に入れて、親もいっしょに楽しんではどうでしょうか。

「読みなさい」と渡すだけでなく、親もいっしょに楽しそうに英語にふれている。その環境が自然なものとしてとけ込むことがたいせつなことではないでしょうか。

専門家アドバイス

小学校の英語教科化。問われるのは〝英語で自分の考えを伝えられるか〟

2020年に小学校で英語が教科化される

2020年から始まる小学校での英語教科化。このニュースを聞いて、「早く子どもに英語やらせなきゃ!」と急にあせり始めた人も多いのではないでしょうか。「英語教科化って、いったいどんな授業が行われるの?」「評価はどうなるの?」など気になることだらけですよね。ここからは、みなさんが気になっている小学校の英語教科化について解説していきたいと思います。

現在(2019年)、小学校5、6年生に対して外国語活動が週に1回行われていますが、2020年からはこれらが3、4年生に同じような内容でスライドしてきます。同時に5、6年生は、英語が〝活動〟ではなく、外国語という〝教科〟になります。**これまでの外国語活動では評価はありませんでしたが、教科になるということは数値での評価がつきます。**ここが一番の大きな変化です。

この評価ですが、文部科学省によって定められた学力の3要素というものが基準となります。

① 知識・技能（いわゆる従来型の学力を指す）

② 思考・判断・表現（①の知識と技能を使って、どんなことを伝えられるか）

③ 学びに向かう力・人間性等（主体的に学習に取り組む意欲や態度）

これらの三つがそろって初めて社会で役立つ力が身につく、という考え方です。英語に関しても、ペーパーテストではかれるスキルは①の知識や技能になるので、②や③を評価するために、友達との会話のやりとりやスピーチなどのパフォーマンス評価、授業後に書く振り返りシートなどが評価の項目に入ってくることになります。

専門家アドバイス

中学の文法を前倒しで学ぶわけではない！

多くの人が誤解しているようですが、**これまでの中学1年生が学んでいた内容を前倒しで小学5年生から学ぶことになるわけではありません。**

これまで5、6年生で行っていた外国語活動は、英語を覚えることが目的ではなく、歌やゲームで英語に慣れ親しむことが目的でした。ただ、それだと、中学1年生で急に英語が教科として登場することにギャップを感じる子どもが多かったのです。そこで、外国語活動は3、4年生の子どもらしい時期に前倒しし、5、6年生はこれまでの歌やゲームに加えて、検定の教科書を使用して、英語の4技能（読む・聞く・話す・書く）を学ぶ内容にシフトすることになりました。

ただし、単語のスペルを覚えさせたり、be動詞、過去形などの文法用語を使って文法を説明するような授業ではありません。たとえば、夏休みに何をしたかをグループで話す課題の場合、文法的な観点からいうと過去形を使うことになりますよね。ただし、授業では「～へ行ったと英語で言いたいときは、I went to～を使いましょう」というように、文法用語を使わずに教えます。要するに、英語に慣れ、親しむことが一番の目的で、単語を暗記したり、文法を覚えたりすることは小学生の段階ではやらないのです。

また、4技能のうちの〝話す〟には、二つの能力が求められます。やりとりと発表です。やりとりは、友達と英語で短い会話を交わすこと、発表は友達の前で自分の考えを話すことです。4技能のその他の三つとは異なり、〝話す〟は2種類のスキルがはかられることになります。

親がサポートできることは？

最初に心に留めておいていただきたいのが、**親の世代が受けた英語教育とは変わってきているということです。**いまの子どもの親世代は暗記が主流の英語教育でしたよね。暗記が大事ではないとはいいませんが、いまの英語教育はそれだけが求められているわけではありません。いちばん重視されているのは、〝つたなくてもいいから英語で自分の考えが伝えられるかどうか〟ということです。

ただし、**日本語で自分の考えが伝えられない子どもが、英語で自分の考えを言えるわけがありません。**まずは日本語で、子どもがしっかり自分の考えを伝えられる

専門家アドバイス

ようにふだんから意識して話させるようにすることがたいせつです。たとえば、幼稚園や学校から帰ってきたら、きょうどんなことがあったかを尋ねてみてください。日本語で順序立てて話せる子なら、英語でも必ず話せるようになります。逆に、順序立てて話せないようなら、ふだんからたくさん話しかけて、自分の考えを話す力を養うサポートをしてあげてください。現代は共働きの夫婦もふえて、子どもと話す時間がなかなかとれない場合も多いかもしれません。話す時間がないなら、交換日記などもおすすめです。ふだんから、自分の考えをアウトプットする習慣をつけてあげましょう。

英語教科化に不安を感じているみなさんにお伝えしたいのは、小学校の英語に関して、過度に心配する必要はないということです。**1日に数分でもいいので親子で英語にふれる時間をつくり、子どもが英語に親しみを持つ環境を家庭でつくること。**この習慣があるだけでも、まったく違うと思います。英語に親しみを持っていれば、小学校の成績はおのずとついてくるでしょう。

〝何のためにやっているのか〟のゴールを見失わないように

親の見えや自己満足のためにならないように

ここまで、バイリンガル教育と小学校の英語教科化について説明してきました。最後に、私がみなさんにいちばんお願いしたいことをお伝えします。それは、**〝何のためにやっているのか〟そのゴールを見失わないようにしてほしい、**ということです。**バイリンガル教育をするのは、親の見えや自己満足のためではないはず**ですよね。バイリンガルの定義のところでもお話ししましたが、仕事で使える英語を身につけるのか、友達をつくるための英語なのか、子どもに将来英語を使ってどうな

専門家アドバイス

ってほしいのか、どうなることが子どものためになると思うのか、そこは見失わないようにしてください。

また、ぜひ、お父さんやお母さんも子どもといっしょに英語を楽しんでほしいと思います。おうちで英語のアニメを観るときも「勉強になるから観なさい」というやり方ではなく、横にすわって、おもしろい場面ではいっしょになって笑う。もし英語が苦手なら、子どもがいないときに日本語の吹きかえで予習しておいてもいいですよね。子どもは親が楽しんでいることは素直に受け入れるものです。もし、**「そんな時間をとるのは苦痛だ」と感じるのであれば、子どもにも負担になっている可能性が高い**と思います。親もいっしょに楽しむおおらかさが、おうちでのバイリンガル教育の最も重要なポイントです。

英語ができる人生は、子どもにとって将来の選択肢が広がることを意味します。日本語しか話せないより、職業選択の幅も格段に広がります。日本で外国を相手に仕事をすることも、シンガポールやインドなどの新興国で職に就くことだって可能になります。**ぜひ、子どもといっしょに親自身も英語を学んでください。親自身の人生にもきっとプラスになるはずです。**

おわりに

4人の母親の英語育児と専門家視点のアドバイスをお読みいただきました。
「これならできそう」「私にはこの方法は無理だわ」など、
さまざまな感想があるでしょう。

ぜひ、それぞれの家庭で、無理なく続けられそうなメソッドを選んでみてください。
4人の取材を終えて取材班が感じたのは、〝継続は力なり〟ということ。
英語は、気長に、楽しく続けられる方法を選ぶことが成功の秘訣のようです。

また、ネイティブの英語をめざす必要はない、というのも共通する意見でした。
グローバル化が進む社会で求められているのは、
「自分の考えを的確に伝えられる英語」です。

ネイティブ並みに発音がいい、ネイティブっぽい言い回しができる、をめざすよりも、
英語で文章を組み立て、しっかり自分の考えを説明する力をつけることのほうが、
これからの時代にたいせつなことなのだと感じました。

今回の取材に協力いただいたバイリンガルキッズたちは、
「英語を勉強させられた、という感覚がないんです」
と口をそろえていたのが印象的でした。
上智大学教授の藤田先生もアドバイスされていたように、
家の中に自然と英語がとけ込んでいる環境をつくることもポイントのようです。
本書が、みなさんの英語育児を始めるきっかけとなり、
将来、英語を身につけた子どもたちが、世界に羽ばたくことを願っています。

主婦の友社　育児書編集部

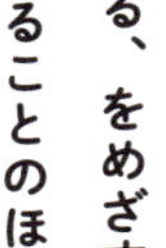

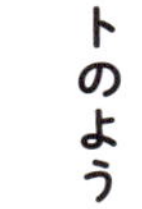

STAFF
ブックデザイン　今井悦子（MET）
DTP制作　天満咲江（主婦の友社）
イラスト　二階堂ちはる
撮影　佐山裕子
黒澤俊宏（以上、主婦の友社）
取材・文　中野明子（Bun Bun International）
関川香織
島端麻里
浦上藍子
金澤友絵
編集　金澤友絵
編集デスク　黒部幹子（主婦の友社）

おうちでほぼバイリンガルの育《そだ》て方《かた》

令和2年1月31日　第1刷発行

編　者　主婦の友社
発行者　矢﨑謙三
発行所　株式会社主婦の友社
〒112-8675　東京都文京区関口1-44-10
電話 03-5280-7537（編集）　03-5280-7551（販売）
印刷所　大日本印刷株式会社

　ISBN978-4-07-440940-2